薛瑞萍班级日志

教六年级的日子（上）

薛瑞萍　著

江西教育出版社
JIANGXI EDUCATION PUBLISHING HOUSE
·南昌·

图书在版编目（CIP）数据

教六年级的日子．上 / 薛瑞萍著．-- 南昌：江西教育出版社，2020.11
（薛瑞萍班级日志）
ISBN 978-7-5705-1979-8

Ⅰ．①教… Ⅱ．①薛… Ⅲ．①小学语文课－教学研究 Ⅳ．① G623.202

中国版本图书馆 CIP 数据核字（2020）第 140286 号

教六年级的日子（上）
JIAO LIU NIANJI DE RIZI（SHANG）
薛瑞萍　著

江西教育出版社出版
（南昌市抚河北路 291 号　邮编：330008）
各地新华书店经销
江西千叶彩印有限公司印刷
开本 880 毫米 ×1230 毫米　1/32　印张 7　字数 122 千字
2020 年 11 月第 1 版　2020 年 11 月第 1 次印刷
ISBN　978-7-5705-1979-8
定价：36.00 元

赣教版图书如有印装质量问题，请向我社调换　电话：0791-86710427
投稿邮箱：JXJYCBS@163.com　电话：0791-86705643
网址：http://www.jxeph.com

赣版权登字 -02-2020-318

序言

Preface

只是陪伴

一

1979年10月，赵化玉老师引导同学们写日记。那年我14岁，正读初二。14岁，初二，才开始学写日记！那是怎样一个散漫而魔幻的年代！

倏忽41年过去。敝帚自珍的20多本自说自话也好，教育论坛上的教学叙事也好，喜马拉雅App上的“看云读书”系列讲述也好……都是日记，是寻常岁月在文字和声音里留下的印记。源头，都在教我语文的赵老师那里！

对我来说，日记是生活记录，也是生活本身。记录带来反思。反思与不反思的日子，怎么可能一样？

二

从教37年，服务7届孩子。

1984年8月入职，我接手的是三年级。2020年10月退休，我告别的是五年级。中间五轮大循环，“心平气和”的这一届是第四轮。其时正值“新课标”勃兴，其时恰逢“信息时代”到来。那些年头的老师，真是既淳朴又浪漫，既飞扬又踏实——

读帖、跟帖、争论、交流……“论坛时代”少有图片，更鲜见视频，大家展示或比拼的就是文字，是文字叙述的实践与思想。诚实的书写总能获得热忱鼓励，让发帖人欲罢不能。

就这样一路行一路写，从“兴致勃勃”到“栀子花开”，实实在在！始于2004年8月30日、结在2010年6月13日的六部“流水账”，是孩子的成长记录、教师的心路历程，也是一个时代的产物和证明。

此情可待成追忆，只是当时已惘然。

倏忽10多年过去，学校及整个教育环境发生了巨大变化。然而同行以及家长，依然记得这套班级日志。大家的记得，也许是对一个时代、一种情怀、一种教育生态的想念吧。

三

再版之际，需要强调的是三点反省。

反省之一：关于写话和日记。

一个突出的过失，就是鼓励进而要求一年级孩子写话。名为“自愿”，然而一年级的家长和孩子哪里禁得起老师，尤其是看云老师的鼓励和刺激！后来我才知道，为了写出得到表扬的那几句，孩子一家往往需要忙到很晚。原本这些时间应该是孩子用来运动、玩耍、阅读和睡觉的。如果老师真的“心平气和”，就该懂得等待，等“时候到了”再让孩子写。那么孩子会少累很多，而且事半功倍。

之后的两届，看云给学生和自己减负，二年级开始写日记，一周一篇，及时点评。事实证明效果更好。《写作课》就是这种反思与实践的记录。

反省之二：关于阅读。

一年级每天背诵两首儿歌，二年级鼓励孩子读整本字书——这就让阅读罩上了求多、求快、求深、求早的“火烧云”。无视“此一阶段”孩子的感觉和需要，减损了儿童阅读应有的从容与舒适。

具体到“儿童经典诵读”，当年的我还是过于强调背诵了。这是对“显性成果”的偏执，应当检讨。当我批评“诗词大会”沦落为“背诵大会”“记忆大赛”的时候，我常常想起自己班上的“赛诗会”。一位女生曾因此紧张到肚子痛。

反省之三：关于考试。

连续贴出的“单元测验情况”说明什么？说明我还是把分数看得太重。这不是基础教育工作者应有的心态。之后两届，看云不再为了分数跟自己及孩子过不去，也不再盯住弱孩子帮扶到底。

终于明白：不管你教得如何努力，也有孩子就是考不及格，且这些孩子有权过“不及格的幸福生活”。也就是说，看云无权要求孩子、家长和自己一起“为了及格而奋斗”。奋斗的结果是：那个家庭终于不能承受“师恩的压力”，让孩子转学走了。

几年之后，当孩子母亲告知原委时，我才明白：教师要自觉限制自己的行为，包括以爱为名的过度期待、过度帮助、过度打扰。否则，教师就是在制造教学污染，令人避之不及。

四

连续性是第一重要的教育原则，也是看云著述的特点。日记嘛！

同是教育叙事，对比《给我一个班，我就心满意足了》和《心平气和的一年级》，同是毕业致辞，对比《投我的影子在你们的卷上》和《世界上最重要的事情》，从浪漫到质朴的一路，流转的是岁月，也是心境。

经典诵读是一种生活方式，也是一种教育理念。在我这里，作为班级实践的儿童经典诵读开始于“心满意足”那一届，具体地说，是开始于1998年9月。

那一届的一年级，我们人手一本《365夜儿歌》；那一届的二年级，我们人手一本注音版《365夜日记》。到了六年级，我们诵《爱莲说》《新月集》，读《铁道游击队》《红日》《我们仨》《汤姆叔叔的小屋》《苏菲的世界》《小王子》……。将班会和家长会开成读书会；就阅读给家长写信，也是从那一届开始的。

“心满意足”的那一届，我还在“成绩报告册”里私自添加了

“阅读”一科。一至六年级，每个孩子的“阅读课”成绩都是具体而实在的，打分依据是各人的诵读状态及读书分享表现。目的就是用分数促使孩子及家长重视阅读，爱上阅读。

“无限信仰书籍的力量！”

苏霍姆林斯基的信念也是我的信念。

五

“班级阅读课程化”是书香班级的硬核所在，课程化的内容和节奏，只能在连续真实的摸索与实践中得以产生和确定。

当《教六年级的日子》在栀子花香中结束，“我们班的阅读课程”也如一条道路在眼前延展。那就是：

1.向家长募集资金，建立班级书库，保证孩子每天能够借阅一本图书。

2.一周一个故事，固定时间讲述，讲述内容主要来自班级图书。

3.以《日有所诵》为材料，日有所诵。

4.以吟诵的方式学习古诗，一周一首，形成韵律。

“除了吟诵，前三项我几乎都在做。薛老师，原来我也在做阅读！

“刚上课的时候，教室不是有点乱吗？我就让学生读书给我听。低年级读儿歌，中高年级读诗。就一两分钟，很提神，很聚气。

我喜欢用小故事创设情境，然后他们自由作画。我还鼓励学生从图画书里找灵感。他们画的时候，我就看书。每个班都有书柜，都有看不完的好书！”8月21日上午，隔壁值班的美术老师说。

是啊，是啊。如呼吸，如饮食；如水渗地，如风入林。我的同事们，不分学科、自然而然——都在做阅读。

六

说说占用思品课的事。

16年前,2004年9月,校长巡课时就注意到看云课堂的不一样。她既好奇应该紧张的语文课何以可以听音乐，也诧异于思品课何以能够听歌、读书、写作业。前者太过奢侈，后者明显违规。

说服校长的，不是“课改”“整合”以及“完整的教育”“完整的人”这类说辞，而是日子一天天过去，一（2）班呈现的秩序井然的状态。

文明沉静，知书达理。

书香班级是非少，书香家庭幸福多。

这是我的信念，也是我对孩子及其父母的期待。

37年，我和搭档没有碰到特别难沟通的家长；37年，校长们——算起来共有7任，没有遭遇过来自我班家长的困扰。这是我的福气，也是历任校长对我特别包容的原因。

占用思品课不是一件理直气壮的事情，需要先完成思品课教学任务，需要有“做完整教育”的事实，更需要相对宽松的环境、相对包容的领导。年轻的同行啊，不要被我误导了。

语文课时向来紧张。不要贪多，不要急躁。首先要踏踏实实完成教学任务，其余能做多少做多少。

阅读固然重要，更重要的是我们师生的健康和舒心。

七

关于诵读、吟诵、讲述，都有完整连续的课堂记录出版。这里特别想说的是“班级图书”，这一块儿太重要了！

班级图书对于班上的孩子而言，是草原之于羊儿，河流之于鱼儿。我确信：优质且适宜的班级图书，是集体生活清洁而丰沛的水源。我欣见：课堂不爱发言的孩子们，课间围绕一本好书，说得热火朝天！

而我自己，归根到底，就是在自由阅读、自主探索中走过来的呀。

“心平气和”之后的两届，家长中颇有热爱儿童阅读、熟悉儿童文学的。于是图书选购日益成为“家委会阿姨”的事情，于是承载了爸爸妈妈童年回忆的《大闹天宫》《黑猫警长》《雪孩子》得以进入班级，成为亲子共读的温馨材料；于是老师把《鸡毛信》《雁翎队》《三国演义》带进教室，使得连环画成为孩子们私下交流的

“硬通货”。

于是呢，在临近退休的日子里，在2020年这个特殊的夏天，承蒙合肥市62中年轻同行的信任——修订版的班级日志就有了分年级、分学期的班级书单。

要计成本，要兼顾中外，我们的书单一直在更新。定格在这里的，是一个参考与回顾。非常局限，非常个人。然而对于一个孩子来说，数量与深度持续累进的这么多书，就相当于一道瀑流、一条路，可以取一瓢饮，也可以凭借阅读所得线索，走向书店、书城、公共阅览室——走向自我教育的彼岸。

不少中国原创的“老书”已经绝版，这是一件非常令人痛惜的事情！特意录在这里，是纪念，也是期待。

有些书广为人知或一搜便知，有些书年轻人鲜少听闻或几乎淡忘。这是书单信息详略不同的原因。特意标明出版和制作单位的只有经典动画和连环画，是为了表达一份个人的感情。

致敬《连环画报》、上海人民美术出版社、上海美术电影制片厂。它们以良心创作滋养了包括看云在内的几代人，我们不应该忘记。

八

关于世界儿童文学，请尽量购买保留原著插图的版本，这才是严格意义上的正版。

比如《小王子》《西顿野生动物故事集》《杜立德医生的故事》

《天使雕像》，作者本人亲笔描绘的插图，是作者在文字之外，为读者开启的一扇心门！

比如《时代广场的蟋蟀》《塔克的郊外》《夏洛的网》《精灵鼠小弟》，盖斯·威廉姆斯和E.B.怀特的插图，是故事不可分割的部分。仿佛骨中之骨，肉中之肉。

还有英格丽·凡·奈曼所作《长袜子皮皮》的插图，笔触之温软与纯净，背景之明澈与空灵，几乎可以在阅读之前，先触动我们的心！还有灰谷健次郎的《兔之眼》，最令本班孩子难忘的，是那些充满力量的插图。至于E.L.柯尼斯伯格的《小巫婆求仙记》——“不看图，你绝对想不到，她是一个黑人小女孩！”

如何习得鉴别插图真伪的眼力呢？彭懿老师的《世界儿童文学：阅读与经典》是可靠的教材。我以为，《世界儿童文学：阅读与经典》《世界图画书：阅读与经典》兼具学术性、思想性、艺术性，是小学语文教师之必读书。

九

“干净”是我对写作的追求，然而“干净”似乎是没有止境的。所以要修订，要删冗。编辑用心做出索引的这一版，定能为你节省时间，带来方便。

至于说到这一套日志的意义，那就是——

陪伴。只是陪伴。

父母也好，教师也好，比起2004年，挑战更多，压力更大。

挑战更多、压力更大的何止教师和父母呢？对于中国来说，“三千年未有之巨变”一直就没有停歇过，所以我们一直在探索和适应中。然而总有一些东西是必须坚守的，那就是——

对儿童的忠诚，对真教育的追求。

忠诚服务儿童，努力实践真教育的同道啊，愿你足下的道路，长远而坚实。

感恩你的开卷！

祝福你和你的孩子！

薛瑞萍

2020年8月23日

桃源是有的

这是由日志段落连缀而成的序言。

这一招是跟朱学勤学的。

顺便，向同行以及高中生推荐朱学勤的《书斋里的革命》。

一

母语是什么？关于母语的所谓工具说、人文说，其实都是对母语生命感、完整感的扼杀与宰割。母语绝不是外在于人的工具，母语是最初、最深的人本身。

从母亲受孕的那一刻起，从人还是受精卵的时候起，人就在母腹——包括母亲的睡梦里，无一刻间断地吸纳、饮食着母亲用母语说话或用母语思维时身心的震颤和律动。

出生伊始，对于听到的语言，人自然完全不懂，但那声音、那节奏，人却是极熟悉、觉得极温暖的——是伴随其长育成形、彻底融入骨血的。这种包孕懂得又超越懂得的温暖、熟悉、一体感，是人学会说话的前提，也是一团混沌的赤肉成为社会人的前提。

一个人的母语水准，往往决定了其创造力、思维力、感情力（情感体验能力、表达能力）所能达到的境界。社会科学也好，自然科学也好，人在具体学科取得的这项那项成就，好比硕果累累的桃树、梨树、苹果树——先有丰壤，后有果树。你怎能期待半尺厚的薄地上长出草以外的东西？

所以梅尔·列文在《破茧而出》里指出：四年级之前，即母语学好之前，绝对不要学习外语。

二

即使《桃花源记》中的秦非指苻秦，但不有坞壁，何能有《桃花源记》？在纪实上，《桃花源记》是坞壁的反映，在寓意上，《桃花源记》是陶潜思想的反映。（《陈寅恪魏晋南北朝史讲演录》）

原来，桃源竟是有的！

“桃之夭夭，灼灼其华。之子于归，宜其室家。”在中国，桃花从来就和美好的爱情及随之而来的家庭幸福连在一起。最可靠的桃源，在完全的爱和无条件的接纳里。无论是成人还是儿童，在艰难时世，没有桃源的日子是不可想象的。

坞并非坞主所有，坞主对于坞中成员，只起督护作用，对耕种、打仗，只负指挥之责。

我们是点灯人，我们也是坞壁主人——桃源主人。我们有灯火，也有坚壁、耕地和水泉。照亮孩子的街灯，也照亮我们自己；灿烂孩子的桃花，也灿烂我们自身。

三

儿时读革命故事，长大读革命文学，我们这一代人——包括数学教师，甚至包括语文教师，无力阅读外国文学的不在少数。这是阅读胃口、阅读能力早期遭局限、压抑的结果。

今天，在儿童阅读蓬勃开展的地方，小学生阅读米切尔·恩德、怀特、林格伦乃至《简·爱》《牛虻》《野性的呼唤》毫不隔膜——能达此境，教师满怀热情的引导起了关键作用。所以，当中国孩子对《愚公移山》《朝三暮四》感觉隔膜时，教师是否应当反躬自问、起而行之？

人类的心量无限，儿童的兴趣多样。相信总有一些孩子会喜欢的，而那原本不喜欢的，必会因为教师的努力，慢慢有些喜欢。

即便为了真心喜欢的“一小部分”，我们也必须借由优质读本，在教室里演绎《共工触山》《鹬蚌相争》的好戏，探讨“除夕年”和“清明节”的来历——将舜的大象牵进教室，让禹的功绩照亮童心。否则，多数孩子将一生错过因图画映照而格外绚丽的《夸父追日》的壮烈、《女娲补天》的深情、《舜耕历山》的浪漫、《大禹锁蛟》的豪勇……而那“一小部分”的损失，其实就是整整一代人的损失，整个世界文明的损失——如果你同意中华文明是世界文明的重要组成部分。

四

牛肉是有营养的，然而该喝奶的时候却不能让孩子嚼牛肉。低年级诵读《诫子书》，只能是死记硬背。缺乏认知和体验的死记硬背，不仅伤害稚嫩的童心，也糟蹋诸葛亮的好文章；既对不起古人，又对不起孩子。

形象思维是儿童的认知特点，唯有先行满足了孩子对于感性认知的需求，才能期待他们的抽象思维能力得到充分发展。生命是分阶段的，下一阶段的充分发展必以上一阶段的充分发展为前提。

“什么是适合学生的经典？”适合学生的经典，就该是形象的、感性的：它的形象美而鲜活，它的音韵美而灵动；它能激发人心固有之向新、向美、向上的生命力。其与儿童生命的关系，当如深渊之于潜龙、空谷之于乳虎、长风之于鹰隼、雨露之于花树——它能令学生腾跃、飞扬、挺拔。

阅读之外，孩子更需要的是拥抱世界，拥抱生活。

五

极少会有孩子因考试而得快乐。考试给多数学生带来的是折磨、挫败和痛苦。总是名列前茅的，往往精神更紧张。一至三年级，是孩子求学之初的三个学年，也是孩子及其父母最脆弱、最敏感的三年。一年级，很多孩子还没明白测验是怎么回事呢，就已稀里糊涂地成为“差生”，和父母一起堕入焦虑和恐惧的深渊了。

正如每个儿童生长发育的速度不同，每个学生都有自己的学习节奏。旨在让同龄儿童同期长牙、走路、说话的医学努力一定会让人们感到荒唐、残酷吧？然而，“标准测验”和随之而来的对教师、学生的粗暴评价却很少有人质疑，这真是一件令人惊讶的事情。

六

这是一个充满竞争的时代。无处不在的生存竞争已经具体演绎为知识竞争、能力竞争、体质竞争、心理素质竞争，还有——合作精神与合作能力的竞争。

合作为什么重要？阿德勒在《自卑与超越》里指出：合作是个人与世界建立温暖、健康、牢固联系的途径和能力。一个人幸福与否，跟他拥有多少财富、多大权势没有关系；一个人幸福与否，关键取决于他是否与世界建立起温暖、健康、牢固的联系。如果这种联系的纽带完全切断，人是一天都活不下去的；如果这种联系的纽带变得扭曲、松弛，人就只有患病、发疯、犯罪的道路可走。

儿童需要学习的东西太多。目前的学校教育、家庭教育片面注重儿童认知能力的培养。其实，儿童首先需要学习的乃是合作。学习合作需要榜样，父母首先要做合作的榜样。

七

想起在一所私立小学看到的课堂：孩子都木木的，生气黯然，灵性几无。他们乖乖地坐在那里，于沉闷的静默或被指令的朗读中，散发出深浓难掩的沮丧和哀伤。他们当然应该沮丧和哀伤！因为生意太忙，父母没有时间与他们牵手，共同走过童年阶段最重要、最艰难的成长之路。这些可怜的孩子，一年级就开始寄宿了，只有周末才回家。而那种所谓的团聚，已经丧失正常家庭该有的亲切与自然。

更可怕的是，这种树苗不接地气的沮丧和哀伤，是孩子自己意识不到的。成年之后的人格变态和精神疾病，大多源于童年时代的亲情匮乏。在这物欲横流的时代，利欲和利欲合谋，泯灭了父爱和母性，制造出小学寄宿这种冷酷畸形的社会需要，生生将孩子变成病人。

八

我爱吟诵。

也许，我这一辈子都不能形成自己的基本调，不能真正学会吟诵。但是我想，这不妨碍我把吟诵带给朋友，尤其是我的学生。

原因很简单：我们每个人都是民族生命之树上的一片叶子、一朵花，吟诵，是被我们遗忘了的根，我们需要归根，我们需要得到根的滋养。

九

星期四朗读《心灵的日出》之《在语词的密林里·人和书》，看云将跟学生说起秦始皇、希特勒和“文化大革命”，看云希望学生记住：凡是焚书的地方，最终将必焚人！

> 纳粹焚书50周年时（1983年5月10日），联邦德国法兰克福市（这里每年举办世界上最大规模的书展）工会举行过群众集会纪念这现代的焚书丑行——大会的横幅引用了诗人海涅的名句：
>
> 凡是焚书的地方，最终将必焚人！

十

我横遭欺凌的母语啊，我伤痕累累的根，要多少好儿女倾尽心血，才能换来你的绚烂与尊荣？

薛瑞萍

2010年5月31日

目录 Contents

9月 / 桃源主人

10月 / 缓坡上升的外部条件

11月 把大象牵进教室

12月 了不起的妈妈们

1月 老师，就是开书单的那个人

附　录

9月 桃源主人

September

2009年9月2日 / 星期三 阴

随文解字

《我们爱你啊，中国》教学结束。随文解“酉”。

挂起小黑板。第一行，并排写着：“甲骨文”“金文”“小篆”“楷书”；第二行，于对应位置写（画）“酉”的四种字形；第三行是一排字词：“醇”“酣”“斟酌”“醉酒”“酝酿”。

“谁看懂板书的意思了？说说看。”

“这是‘酉’字从甲骨文到楷书的变化。”“带‘酉’的字，都和酒有关。”

“带‘酉’的字大多和酒有关。”教师更正道，“那么，这个‘酉’，它究竟是什么意思——什么东西呢？”教师指着甲骨文的“酉”字问。

“铁锹！”“大铲子！”“箭头！”

“呵呵，确实有点像啊。联系金文和小篆的样子，再想想！”

“哦，是酒坛子！”“对！装酒的缸！”“嘿嘿，还挺漂亮呢！”

是咯，是酒坛子。《细说汉字》第513页正好有幅“西周陶器”图。那双耳陶罐的样子何其明晰、质朴、亲切、可爱啊——再看甲骨文的“酉”字，简直就是照样子画出来的简笔画！

为什么要解“酉”呢？“醇美—醇—酉”，这是由文中句子牵出来的：

我们爱你——
龙井茶的清香，
茅台酒的醇美，
江南丝绸的光洁绚丽，
景德镇陶瓷的天工巧夺。

第二课《郑成功》。文中有句："荷兰侵略者凭借高大坚固的铁甲舰和舰上的大炮，企图负隅顽抗。""负隅顽抗—隅—阜"，只要教师有心，这样的线索真是俯拾皆是啊。"阜"做偏旁，就是居左的"阝"。甲骨文、金文、小篆的"阜"显示这个字和阶梯、山崖、土山有关。于是，在"隅""陵""陡""降""阶"等一系列字中，"阝"部何以居左就容易理解了。

同为"阝"，解过居左之"阝"，自然要解居右之"阝"。哪一篇文章没有几个左"阝"右"阝"的字呢？可巧，第三课《把我的心脏带回祖国》的主人公是钢琴诗人肖邦。"肖邦—邦—邑"，这又是一条仿佛天成的线索。"邑"做偏旁，就是居右之"阝"。甲骨文、金文的字形形象地显示出"邑"字的本意：人口聚居之地或者城市。于是，"邦""都""郭""郊""郡""邻"等字中的"阝"何以居右就好懂了。

这就是我一课一次的随文解字，主要是解常见部首。因为解的是部首，所以解一个字其实就是解了一串字。

解完了，再让学生把教师辛苦画成的板书照样子录到课本上。其实就是画着玩儿啦。

9月7日 / 星期一 晴

取法乎上

“2+2+1”：两首现代诗，两首古典诗词，一篇短小精悍（或节选的）堪称经典的古代散文。此即六年级上学期《日有所诵》的套餐式编排体例。

9月1日，学校课程表终于确定。从那一刻起，教师就开始了围绕着《日有所诵》的苦心琢磨。贴在墙上的那张表，快被我盯得满是窟窿了。“是分开做呢，还是两堂相连一口气诵完？”“要不，我也一天一篇，课前读读吧。那才是真的日有所诵呢。”“全背还是选背？”“古文要不要背？”“布置轻了，于心不甘；布置重了，又怕学生不能承受。”整整一周，身边同事及远方朋友听到的都是这些唠叨。“看云看云，你可真婆妈！再说一个字，我就挂了！”听！云的朋友比云爽利多了。

星期一，早晨，第一节。一周最可珍爱的时光里，我们诵读《报任安书（节选）》：

古者富贵而名摩灭，不可胜记，唯倜傥非常之人称焉。盖文王拘而演《周易》；仲尼厄而作《春秋》；屈原放逐，乃赋《离骚》；左丘失明，厥有《国语》；孙子膑脚，《兵法》修列；不韦迁蜀，世传《吕览》；韩非囚秦，《说难》《孤愤》；《诗》三百篇，大底圣贤发愤之所为作也。此人皆意有所郁结，不得通其道，故述往事，思来者。乃如左丘无目，孙子断足，终不可用，退而论书策以舒其愤，思垂空文以自见。

范读，略解，齐读；急诵（各人以自己能有的速度快速反复诵读），单读，再急诵——越来越响，越来越快，越来越熟。20 分钟，十多遍后，教师大声背诵。于是，他们斗志昂扬地接受了“熟背”的任务。最后朗读蔡皋的《桃花源的故事》。那样巨幅而绚烂的画面，看着好过瘾！

待到星期三——还是上午，那天的任务是四篇：斯蒂文森《点灯的人》、狄金森《希望是一只小鸟》，不用背诵，两三遍读出语感就行；王观《卜算子·送鲍浩然之浙东》、马致远《天净沙·秋思》简洁悦耳，多数同学当堂就能背下——估计只需半堂课吧。剩下的时间做什么呢？四位同学朗读日记佳作。其间，大家会听到一两篇优秀的读书笔记。当然还要复习《报任安书（节选）》。

《报任安书（节选）》其实是第一单元第五篇。为什么要在周一诵读难度最大的末一篇呢？就是因为它的难度有些大啊。那些能力弱的孩子，需要充足的时间才能熟记。只要他们照教师的要求去做，每天朗读三遍，一定都能记牢。

一个问题：61 个孩子（新转来一个），是否个个都能照教师的要求做呢？——那是绝对不可能的！我们的教学，只能够、只应该着眼于“大多数”的能力——尤其是潜力。如果教师眼光向下，多数孩子，尤其是“佼佼者”的能力、潜力将被抛荒。那才是为师的过错呢。

取法乎上，得乎其中；
取法乎中，得乎其下；
取法乎下，了无可得。

至于个别能力弱且不自觉的孩子，他们原本是连该背的课文也不能背下的。这就需要教师布置的时候统一要求，检查的时候因人而异。该不依不饶的不依不饶，该打马虎眼的坚决打马虎眼。“统一要求”是把向上的门向所有人敞开，“因人而异”是体恤孩子及家长的能力。

认真而不偏执。很多时候，放过学生就是放过自己。

“忍一忍，别挂。心平气和哈！再说一段我就再不说了。”

“说！简短点。”

“从‘文王拘而演《周易》’到‘韩非囚秦，《说难》《孤愤》’，七个人、七件事，也不全按时代顺序排列，对孩子来说是不是有些乱呢？我琢磨出一条帮助记忆的线索。那就是：西周文王是孔子的偶像，所以仲尼紧接着文王；春秋孔子在前，战国屈原在后；左丘、孙膑，一文一武，一对残疾；不韦、韩非都和秦王嬴政有关，都死在秦国。‘乃如左丘无目，孙子断足’——为什么偏偏强调左丘和孙膑呢？因为司马迁身受宫刑，对这二位尤其心有戚戚啊！怎么样，这条线索好吗？看云聪明吗？”

“婆妈！典型的画蛇添足！我相信，他们绝对不需要你这样的废话啰唆！放心吧，有五年读诵的功底在，学生一定会背得又快又牢。”

“可我还是觉得这个线索很好啊！”

“那是因为你自己需要，那是因为你又老又笨，完全丧失了儿童才有的刻录式记忆功能。”

9月8日 / 星期二 阴

也是为了忘却的纪念

第四课，古诗两首：《闻官军收河南河北》《示儿》。因“但悲不见九州同”解“州”，顺便解“洲”。

“看图，猜字。”说罢，教师在黑板上依次画出“州”的甲骨文、金文、小篆。

“川！山川河流的川！”一片得意的呼喊中，新同学方珊珊大声说：“州！九州的州！”

“对！是州！河流中的一小块陆地……三小块陆地！”

“这是‘州’。‘关关雎鸠’——”教师略停了停，“在河之州。窈窕淑女，君子好逑！”一些人居然跟上了——大约是从言情剧里学来的。而在《细说汉字》里，“州”字正是从这首《关雎》说起的。

“不是一番寒彻骨，怎得梅花扑鼻香。”这个“香”字本为会意字。

这是左先生“说香”的开头。字形解过之后，作者娓娓道来：

《说文》：“香，芳也。”“香”的本义不是指一般的芬芳，而是指五谷成熟之后的香味，如《春秋》中“黍稷馨香”。后来引申为“气味美”的通称，如谢朓《思归赋》：“晨露晞而草馥，微风起而树香。”

请注意：《群芳谱·花谱三》中所说的“香祖”，并非以香祭祖之意，而是“兰花”的别名。

何其老实，又何其风流！世上竟有这样的字书：凝练，博雅，质朴，诗意。经史子集信手拈来，诗词曲赋俯拾皆是。一字之解，往往就是一篇值得诵读的美文。还有众多清晰精美的图片：人物画像，文物摄影，古城平面图，《天工开物》《农政全书》《芥子园画传》《中国兵器史稿》等书的插图，狩猎图、牧场图、献俘图、养老图等汉画像砖上的场景……加上亦文亦画的甲骨文、金文和小篆——这哪里是工具书，这简直就是一部绚烂丰厚至极从而归于纯净素朴的奇特的图画书、奇特的人文书。

莽莽书林，深芜丛杂，《细说汉字》也是一株寒梅啊。经历了旷古的彻骨孤寒，从而清香四溢，彻心透肺。成就它的，是作者的毕生心血，也是做书人的一片精诚。

571 页，何以能够以一天 100 页的速度六天读完？因为看云太贪太爱太迷恋了。然而读过之后，“1000 个汉字的起源与演变”并未留下多少具体的记忆。这便证明了：这种饕餮式的胡吃海塞与字字珠玑的《细说汉字》绝不相宜。然而我敢说，在这世上，比我更懂这本书的人不会很多。这种懂，穿越知识，直达寸心——为母语所养育，又心心念念反哺母语的拳拳赤子之心。

许多个疲倦、迷惘或者浮躁、焦虑的晚上，我会坐下来翻开它，并不读，只是抚摩，只是默默凝视作者朴素的照片和照片下朴素的介绍，心中涌起说不出的景仰、难过和愧疚。于是，一颗莫名浑浊、莫名躁狂的心慢慢变得干净、安静。

是在暑假时偶然得到这本书的。从此“左民安”的名字就如一座石山压在了心田。

我才知道：世界上有一种书，它的好，它的瑰丽、质朴和纯净也可以给人带来痛苦。仿佛有一双眼，穿越时空之隔凝望你——于是寝食难安，于是有了“随文解字”。

一课一次，解过也就解过了，之后不再提起。学生究竟能接受多少，记得多少，我真的一点都不在意。我做这件事情，根本就是为了自己，为了让自己心安。

两个月来，我已不记得多少次与同道说到这个人、这本书了。作为一个深爱母语的小学语文教师，我早想、早该为左先生及《细说汉字》写一点东西。然而，直到今天，我也没能把自己的全部感受写出来。我知道：我最终也写不出，写不全。

安徽的薛瑞萍、山东的韩兴娥、广州的陈琴是好朋友。开学之初，我们相约在各自班级不拘多少地给孩子——六年级、三年级、一年级的孩子解汉字。作为深爱母语的小学语文教师，我们这是在以我们能有和该有的方式，向我们心中的文化英雄致敬。

> 年轻时读向子期《思旧赋》，很怪他为什么只有寥寥的几行，刚开头却又煞了尾。然而，现在我懂得了。

现在，我也懂得了。

我横遭欺凌的母语啊，我伤痕累累的根。要多少好儿女倾尽心血，才能换来你的绚烂与尊荣？

9月9日 / 星期三 阴

桃源主人

重温《桃花源的故事》，其实是重温画面。

“回忆。整本书，哪幅画给你的印象最深刻？”

“渔翁来到一个从没到过的地方，河的两岸盛开着桃花。除了桃树，没有一棵别的树。那一页又美又神秘。”“还有，渔翁穿过山洞，看见亮光，还看见了桃花。”

“哦，桃花！和你们一样，老师印象最深的也是桃花，生动、明艳，似乎就要飘出书页、飘到我们面前的桃花！”

开卷。再看桃花，再次听见：“哇！好美！”

全书画页共22幅，有桃花的14幅。其中“禀报太守”“谈论寻访”中的几抹粉红乃是记忆、向往中的桃源。最有趣的是“奉命搜寻”：河道纵横交错，状如迷宫；许多人，许多船，许多山——偏偏没有一棵桃树，一片桃花也没有。

“桃花哪儿去了？桃源哪儿去了？那些人呢？”

"他们集体搬家了。""他们把山洞堵住了。"

"你能理解他们这样做的原因吗？"

"能！""他们再不想过战乱的生活。"

"如果你是桃源中人，你希望离开桃源吗？"

"希望。一辈子住在一个地方太没有意思了。我想出去闯一闯。""不希望，外面到处打仗，随时可能死掉。""又希望又不希望。我想来去自由。"

前环衬，流民图惨不忍睹。"多么悲惨！这是什么时代？"

"东晋。""秦朝。""可能是东晋，也可能是秦朝。"

后环衬，孤独的行人拄着手杖，站在岸边，凝望着面前的崇山峻岭。一条小船泊在脚边。

"这是谁？"

"渔翁。他一直忘不了桃源，他很想再回去。"

"他为什么要留下记号？"

"他想把一家都带到桃源。"

"这个人还可能是谁？"

"陶渊明。""寻找桃源的后人。"

"你们相信世上有桃源吗？"

"相信。""不相信。"

"你们希望世上有桃源吗？"

“希望！”

“在很大程度上，桃源其实是一个梦，是中国人祖祖辈辈的集体梦想。直到今天，我们在影视作品中还能看到桃源的影子。比如《中国兄弟连》里的唐村就是。先世避乱来到了大山深处，他们世世代代在这里过着与世隔绝的平静生活，以至于——”

“都不知道抗战爆发了！”

“最后一个问题：为什么这是‘桃花源的故事’而不是‘杏花源的故事’‘桂花源的故事’‘梨花源的故事’？陶渊明为什么偏偏对桃花情有独钟？总不至于因为他自己姓陶吧？”

“春天的桃花最美丽，最有生机。”“桃花代表着希望。”“‘桃’就是‘逃’，他们祖先是逃到这里来的。”

“马建说得有道理。所谓‘逃之夭夭’，就是从‘桃之夭夭’变来的！”

凡屯聚堡坞而欲久支岁月的，最理想的地方，是既险阻而又可以耕种、有水泉灌溉之地。能具备这二个条件的，必为山顶平原及有溪涧水源之处。因此，当时迁到山势险峻的地方去避难的人，亦复不少。

因为同宗共保一坞，成了北方社会的组织形态，所以决不能忽视北方不能走或不愿走的人们屯聚堡坞的作用。屯聚与人口的大流动对历史产生的影响，是难分轻重的。

《桃花源记》虽为寓意之文，但也是西晋末年以来坞垒生活的真实写照。真实的桃花源应在北方的弘农或上洛，而不在南方的武陵。桃花源居人先世所避之秦应为苻秦，而非嬴秦。

即使《桃花源记》中的秦非指苻秦，但没有坞壁，何能有《桃花源记》？在纪实上，《桃花源记》是坞壁的反映，在寓意上，《桃花源记》是陶潜思想的反映。

（《陈寅恪魏晋南北朝史讲演录》）

原来，桃源竟是有的！

只要门前有街灯，我们就很幸福，
李利点亮了许多盏，又点亮一盏在我家门口；
你手拿提灯和梯子，别忙着走过，
李利呵！今晚瞧一眼这个孩子，向他点点头！

上午第二节，这是他们在诵读。这一刻的课堂，因之也仿佛成了坞壁或桃源，师生俱在其间觅得温馨与宁静。即便是最勇猛的斗士，也需要一个安全温馨的逃避之所——为了更加勇猛地战斗。所以“桃”者“逃”也，其中蕴涵着美丽、生机和希望；所以，这个故事只能是“桃花源的故事”。

“桃之夭夭，灼灼其华。之子于归，宜其室家。”在中国，桃花从来就和美好的爱情及随之而来的家庭幸福联系在一起。最可靠的桃源，在完全的爱和无条件的接纳里。无论成人还是儿童，在这艰难时世，没有桃源的日子是不可想象的。

坞并非坞主所有，坞主对于坞中成员，只起督护作用，对耕种、打仗，只负指挥之责。

我们是点灯人，我们也是坞壁主人——桃源主人。我们有灯火也有坚壁、耕地和水泉。照亮了孩子的街灯，也照亮了我们自己；灿烂了孩子的桃花，也灿烂了我们本身。

9月14日 / 星期一 阴

由《诫子书》想到的

一、父爱深沉

教师范读、略解之后，学生迫不及待地朗读起来。一遍又一遍，乐此不疲。听得出，他们喜欢。因为诸葛亮是他们知道和佩服的。这种知道和佩服，乃是他们理解、记忆，甚至铭记《诫子书》的前提和动力。

> 夫君子之行，静以修身，俭以养德；非澹泊无以明志，非宁静无以致远。
>
> 夫学须静也，才须学也；非学无以广才，非静无以成学。
>
> 淫慢则不能励精，险躁则不能冶性。年与时驰，意与日去，遂成枯落，多不接世。悲守穷庐，将复何及！

短短86字，语言精简，语势夺人。有一种特殊的震慑力、感染力贯穿全文。这种震慑力、感染力，源于文字的凝练、思想的清晰，更源于作者“这个人”。

这是一个特殊的父亲，这个父亲所期待于儿子的，自己早就身体力行了。所以，虚静、节俭、澹泊、宁静、勤勉、沉稳、惜时、奋发——告诫声声却丝毫不染说教气息。只有诚恳，只有切盼。这是一个建立了旷世功业的过来之人的肺腑之言：

> 夫君子之行，静以修身，俭以养德；非澹泊无以明志，非宁静无以致远。
>
> 夫学须静也，才须学也；非学无以广才，非静无以成学。

作者的逻辑清晰而现实：若要建功立业，先要学有所成，而要学有所成，最重要的，就是守住一个“静”字。“静”“学”二字的反复出现，绝非偶然。作者在正面阐述静心学习的重要之后，第三段又从反面指出如若不然的可悲后果：

> 淫慢则不能励精，险躁则不能冶性。年与时驰，意与日去，遂成枯落，多不接世。悲守穷庐，将复何及！

读其文如闻其声。对比前两段的“惜墨如金”、言简意赅，第三段何其殷切：孩子啊，你既不能懈怠也不能急躁；

要勤勉，要理智；光阴似水，稍纵即逝，你要珍惜时间，要让生命放出光芒，否则你就虚度一生，悔之不及了！真所谓爱之深，忧之切。殷殷父爱，感人殊深。

二、 儿童诵经

所以要在六年级诵读《诫子书》，是因为这时的孩子（当然是普通孩子）对作者有了解，对学习有体验。唯此，他们才能通过诵读体味作者的良苦用心；唯此，他们才可能经过这种有认知、有体验的诵读变得勤勉、沉静。

一句话，时候到了——孩子具备消化吸收能力了。

牛肉是有营养的，然而该喝奶的时候却不能让孩子嚼牛肉。低年级诵读《诫子书》，只能是死记硬背。

缺乏认知和体验的死记硬背，不仅伤害了稚嫩的童心，也糟蹋了诸葛亮的好文章。既对不起古人，又对不起孩子。

在这里，我们说的还是父爱殷切的《诫子书》呢。至于有人让小小孩子背诵居高临下、冰冷僵硬的《弟子规》，甚至让孩子整本背诵《论语》，那就更不是我辈所能理解的了。

为什么教师反对儿童诵经？因为“四书五经”与儿童柔软稚嫩的生命状态大相隔膜，而生命发展的无限可能、无限丰富，正蕴涵在这种至为珍贵的柔软稚嫩当中。肥沃的泥土总是柔软而丰厚的，人们为什么那么急切地要把耕地夯成硬土，嫩芽塑成板材？

当然，只要大人心肠够硬，吃得苦中苦后，孩子的确能背下经教，那好处也是显而易见、令人眼红的。那就是儿童在作文或说话的时候惯能老气横秋地引用“子曰诗云”“修齐治平”以装潢门面、炫耀能背。那坏处也是毋庸置疑的，那就是孩子不像孩子；那就是一个人打小就丧失了生命该有的自然、舒展和诚恳。

我们自古以来不缺说大话、套话的伪君子，罕见说真话、行实事的实干家，是否跟儿童诵经乃至终生受训有关呢？

有人说：《弟子规》《三字经》其实也挺顺口呢。是咯，比起《鉴略》肯定顺口多啦，但是比起“钓鱼的回家吧”和“唐僧骑马咚那个咚”呢？

就启蒙教材而言，“三百千”是古时能有的最顺口、最浅显的东西。君权神授、“三纲五常”的年代，人们尚且知道，给孩子诵读的材料必须是当时能有的最顺口、最浅显的，这是古人的聪明。

祖先都是希望儿孙超越自己的。时至今日，如果我们还让今天的孩子诵读古时的启蒙教材，祖宗有灵，他们一定会气得打滚。

三、老实读书

再说问题的另一面。

“舌战群儒”即便出自文学创作，也表现出孔明对于腐儒的大不屑。道家思想是诸葛亮人生哲学的重要渊源，所以诸葛亮把“静”字看得极重。

个人以为：所谓“静”，归根到底就是“老实”“求实”的意思。学习的事情，第一需要的就是老实。老实，或者沉静，也是对教师秉性的基本要求。

教育的事情，一定不能追求热热闹闹、轰轰烈烈；阅读的事情，则要警惕娱乐化、游戏化、活动化。因为对于热热闹闹、轰轰烈烈和“看起来很美”的追求，恰是反教育、反阅读的；恰是与沉静、笃实的书卷气格格不入的。

而在这个众生浮躁的混乱时代，谁拥有了沉静和笃实，谁就拥有了智慧与力量的内在泉源。

近年来，“班级读书怎样开展”成了大家关注的话题。台湾地区的同行纷纷来祖国大陆传经送宝，类似“武功秘籍”的各种方式和套路，让海峡这边的人眼花缭乱、趋之若鹜。

这至少说明两点：第一，我们的教师开始重视儿童阅读了；第二，我们的教师普遍缺乏深切真诚的阅读体验。因为缺乏体验，所以缺乏信心，所以四处学习。

然而，如果教师不先做读书人，花多少钱，听多少讲座，学多少招数，都是没有用的。非但没用，反而滋长了师生的心浮气躁。假装阅读、假装推广，还不如老老实实不阅读、不推广。

每一个真心热爱阅读的人，最喜欢的事情就是拥卷独坐，书我两忘。那些真诚期待学生热爱阅读的教师，是否都如我一样，本能地对于各种精细、炫目的花样保持戒备呢？登岸必弃舟——起步阶段的花样或许是需要的，但那是不得已的过渡和手段。

最朴素者最有用，最老实者最可靠。关键在于教师自己是否真爱。

“朗读，是让学生爱上阅读的唯一而且最重要的方法。”吉姆·崔利斯如是说。

“把一个读书人的状态呈现在课堂上，这是让学生爱上阅读的最好方法。如何引导学生走进一本书？对我来说，一段朗读，一段讲述——足够了。”浙江蒋军晶说。

“找我们这群老头干什么？别浪费时间！去读书，读书去！除了读书，还要读书。道理都在书里写着呢，别听老头子的叨叨。”面对郭敬明的洗耳恭听，黄永玉如是说。

大家风范。真人真语。

9月15日 / 星期二 晴

《田忌赛马》：不只是智谋的故事

《幼学启蒙丛书》之《田忌赛马》，故事他们是知道的。图画书的价值，首先在于图画。饱满，凝练；优雅，遒劲；淋漓酣畅，一气贯注——强烈感染、强烈震撼了教师的画面，是否也能感染、震撼孩子呢？我不知道。

黝黑发亮的底色，没有一丝背景的牵绊，卷轴式徐徐展开的故事场景，仿佛一簇接一簇聚拢并绽放的生命之花。于是，历史的天空变得生动、璀璨。马飞奔，人乘风；迅疾如闪电，飘逸似飞云；默契如肱骨，和谐如琴瑟——好一幅君臣驰骋图，好一股飒爽英雄气——翻开环衬的瞬间，教室安静下来。安静里似乎蕴涵着难言的震慑、遐想与感动。

这就是美的力量啊。教师不必强做解释给他们说图了，看就是。

当鲜花映照婴儿的眼眸的时候，婴儿笑了，婴儿什么也说不出——但你怎能说鲜花白白开放？

大美，总是无言的。我们的孩子，听了太多也被训练说了太多。他们需要看，且让他们看。

在第五页。“这里有三个人，我说他们个个都是英雄！孙膑是英雄——”

“孙子膑脚，《兵法》修列！”

“田忌是英雄——”

“不嫉贤妒能，热心推荐孙膑。不像李斯和庞涓。”

“齐威王是英雄——”

“宽容大度，不治孙膑欺君之罪，反而重用孙膑。”

“对！上等马对上等马，中等马对中等马，下等马对下等马，这是当时的游戏规则。孙膑之计其实是违规的。孙膑这样做的意义或者说这样做的目的，就在于引起齐威王的注意，以获取当面向齐威王献策的机会。当然，若要计谋成功，还需具备条件，那就是——”

“田忌的马和齐威王的马，足力相差不大。”他们齐声说出书中的原话。

“智谋不是万能的。施展谋略需要物质基础。归根到底，发展实力是第一重要的。否则，谈什么‘用局部的损失换取全局的胜利’？”教师说的也是书中原话。

边说边板书。三条黄线，代表齐威王上中下三等马的足力；三条红线，代表田忌上中下三等马的足力。有意突出“田忌的马和齐威王的马，足力相差不大”。上一上，中一中，下一下，当三组马的实力对比情况以线条方式“一对一”地呈现在黑板上时，学生的理解变得轻松。

六年级了，只要看懂图示，只要比较聪明，其实他们也能想出“改变顺序，出奇制胜”的招儿。所以，如果说《田忌赛马》显示了孙膑的智慧，个人深为孙膑抱不平。

那么，世世代代的人们为什么乐于传播、讲述这个“智慧故事”？

从理性或实用的角度看，《田忌赛马》至少带来两条启示：

第一，不能贪多求全。要集中优势兵力打歼灭战，要专心致志做最值得做的事情。即所谓“善于用局部的损失换取全局的胜利”。领兵打仗如此，规划人生也是如此。

第二，光有聪明是靠不住的。没有实力，再好的计谋也是无米之炊。所以，比起聪明，老实一样重要——也许更重要。

说到底，孙膑就是一个老实人啊。他极聪明，但他绝不在应当互相信任、肝胆相照的同窗面前存心眼、耍聪明。这份老实给他带来的膑足之祸大家都看见了，然而人们还需看到的是：让他终成伟业的，也正是这一点老实气。

机关算尽、过分聪明的人其实是可悲的。老实，其实是一种天分和境界。智商相等的情况下，将凡夫和大家区别开来的，就是这一点“呆气”。

田忌赛马是孙膑一生的转折点。之后，在齐魏争雄的战场上，孙膑因为齐威王的信任而尽展其雄才大略。运筹帷幄，决胜千里；君贤臣能，畅快何许！这是辅王争霸，也是报仇雪耻。一个接一个光耀千秋的战例从轮椅上诞生：围魏救赵，增兵减灶，马陵道上，“庞涓死于此树之下”！英雄得志，恶人得惩。历史之精彩，胜过一切戏剧小说之虚构。

同情孙膑，憎恨庞涓；渴求公义和真诚；希望人尽其才、自我实现。人是理智的，更是有情感的。也许，这股温暖的情感和渴望，才是使得“田忌赛马”的故事永葆新鲜的深层原因。

“历史的天空闪烁几颗星，人间一股英雄气在驰骋纵横。”

或许，飞扬放射在深黑之上的，其实是世世代代的人们虽然历经了永夜一般凝重坚固、无边无底的孤寒、愚昧和苦难，却依然不肯放弃、不肯忘记的对于友爱、智慧和幸福的追求。

9月18日 / 星期五 阴

老调子和新任务

各位家长：

下午好！

此时此刻，教师正在动车上。如果不是讲座活动暑假就已确定，如果不是无锡育红小学已经筹备有日，无论如何，教师也是要“在家”开会的。

六年级是特殊阶段，需要教师和家长更多、更真诚地沟通。感谢班主任王老师，不是出于对工作、对孩子的高度负责，何必特地召集这次家长会？关于语文，要说的大多是老话，也有关于《全阅读》的新任务：

1. 熟读课文。教学时间有限，在课堂上，教师听到全班朗读正确、流利、有感情就满足了。个别学生的正确、流利、有感情还需要在家多读。

2. 生字词熟练掌握，课文要求背诵的内容要熟背。“单元练习”里的成语熟背熟默。重要笔记要掌握。“嘴硬笔软”的毛病，会让学生在考试时吃尽苦头。

3.《日有所诵》每单元三篇古诗文，教师已带孩子读过十多遍，请家长督促孩子熟背并且签字，否则到了中学，他们学习文言文会比较吃力。背诵其实也是对意志力的培养。学期结束，照例举行赛诗会，照例由家长代为报名。平时不好好背诵的，寒假作业自然多一项“抄写古诗文”。

4.《全阅读》每单元两至三篇短文。从本周开始，一周朗读一单元，每篇文章两遍。比如这一星期，读《谁不喜欢玩》《龙胆草》。平时有空就读，不要等到周末急赶。个别单元，比如《小王子》《草房子》节选，教师会做适当调节，只要朗读一遍。对于孩子来说，发声通读全书对于提高文学修养、人格境界、思维及表达能力都有实实在在的帮助；对于父母来说，聆听孩子的朗读，也是一种亲切、高雅的学习和交流。每周一早晨，教师同时检查《全阅读》朗读签字和《日有所诵》背诵签字。课时富余的情况下，教师会组织孩子分享朗读体验。

5.个别同学日记写得短，且多是抄录。这学期教师对日记的检查比从前严格，不认真完成的，会让他们抄写《全阅读》里的文章。这是惩戒，也是学习。有些孩子其实就是懒字当头，需要对症下药。

人性都是好逸恶劳的，松一松就掉下去了。六年级是特殊阶段。总之，我们要各负其责，联手合力帮助孩子，让他们知道：作业是必须认真对待的，家长老师是一条心的，偷懒是不可能的。

培养学习自觉性很重要，本班语文作业向来都是孩子自己记。除非特殊情况，教师一般不就作业和家长发生个别联络。如果有了，请积极配合，做好督促工作。特别需要说的是：不要因此揍孩子，这会让教师不放心。

另外，有 11 名学生家长坚持写教育周记，这对教师是很大的鼓舞，教师深表感谢！

祝孩子们健康成长！

语文教师

9 月 18 日

9月22日 / 星期二 阴

将爱的作业进行到底

家长：

您好！

星期一早晨一下课，教师就迫不及待地阅读刚刚收上来的作文《朗读，爱的作业》。读到精彩处，还忍不住念给同事听。值得印发学习的佳作很多，这里选取若干片段供大家欣赏。

> 读完之后，妈妈热烈鼓掌，她说我读得很好，我深深鞠了一躬，发表“获奖感言”。妈妈拿过我的书，给我朗读《谁不喜欢玩》。她在读的过程中还风趣地开了几个玩笑，然后给我签字。我想：薛老师这个方法真好。因为朗读，妈妈好像更爱我了。一周一次的爱的作业，还真是爱的作业啊。（丁若琳）

第一次布置“爱的作业”是在二年级。那时，是希望父母和孩子共读《爱的教育》。四年过去，孩子能够，也应该用他们的朗读回报父母了。有的孩子为了让父母专心倾听，还帮助父母做家务，或者选择大人打毛线、择菜、看报纸的时候朗读。六年级的朗读具有反哺的性质。然而，若要“爱的作业”名副其实，还需父母和孩子齐心努力。

“好了，我讲了许多，要去玩了，你来不来？”读到这里，妈妈大声回答：“当然来啦！”哈哈哈哈，笑死我了！笑过之后，妈妈陶醉地说：“想当年，我长得和你差不多，又瘦又小，可玩什么都是第一，男孩子也比不过我啊！”这个下午我真开心。能和妈妈一起享受读书的快乐，是世界上最美好的事情。妈妈，我永远爱你！（方子妍）

“该停顿的地方一定要停顿，知道吗？”我点了点头，开始读《龙胆草》。读完后，妈妈说我没有读出惊讶的语气，让我再读第三遍。真受不了！这是我在读书给妈妈听，还是妈妈给我上语文课呢？我压住火气，听完了妈妈的长篇大论，因为我知道这是她对我的爱。虽然我受不了她的啰唆。

以后我要练习好了再读给妈妈听。不过，妈妈不像其他同学的父母，对孩子的朗读不理不睬，这就令我感到高兴了。妈妈，你的批评也是爱。妈妈，我爱你！（方子裕）

方子妍、方子裕是双胞胎，多么招人喜爱、多么令人自豪的一对姊妹花啊！二人性格的不同，真是跃然纸上！“不过，妈妈不像其他同学的父母，对孩子的朗读不理不睬，这就令我感到高兴了。”孩子其实是很知道好歹的！教师希望那些对于一个孩子的朗读也“没有时间”聆听的父母，能够从这对双胞胎母亲的身上看到自己的不足。也许你真的很忙，但是忙碌绝对不是忽略孩子的理由。因为教育，乃是一个家庭最大的事业。

再看。请注意李玉琢对待作业的态度多么认真，请注意这位三个孩子的母亲对待二女儿的学习多么认真：

> 我练习了一遍又一遍，我要把我对妈妈的爱表达出来。下午五点钟，妈妈睡觉起来了，我让妈妈坐下，并且给妈妈送上一杯热茶。妈妈不住地说：“乖宝贝，真是好孩子！”
>
> 我点起蜡烛，关了灯，然后我大声朗读《龙胆草》。读着读着，我发现妈妈的眼睛湿润了。那是高兴的泪，那是骄傲的泪，那是幸福的泪。我想，妈妈平时工作太辛苦，双休日还要包小笼包子卖，我以后要让妈妈每天都像今天这么高兴。（李玉琢）

孩子的文字证明：在一个有着良好学习氛围的家庭，这样的朗读绝不仅仅是语文作业——朗读及伴随朗读而发生的讨论和交流，其实也是一种温馨、高雅的亲情沟通。

“我，自然撒腿就往田野里跑，后来又爬到一棵无花果树上，吃了许多无花果，肚子胀得都快爆炸了。”这最后一段更让人哈哈大笑。看着妈妈开心的样子，我自然地说出那句准备了好久的话：“妈妈，我爱你！”

妈妈一下子变得很激动，一把把我抱住说：“我的好儿子啊，妈妈也很爱你啊。你读得太好了。妈妈真为你高兴！”（刘智良）

绝大多数孩子的朗读，在父母那里都得到了积极的反应。这种“积极反应”，其实就是爱的表达。为了激发各位的积极反应，教师还特地在课堂上教孩子们练过开场白呢。这也是在完成教学任务。不过教师所布置的，是比教材要求的“看着爸爸妈妈的眼睛认真说出‘我爱你’”更实在、更持久的——爱的作业。

开始读《龙胆草》了，这一次我读得更好，妈妈为我热烈鼓掌，鼓得我都有些不好意思了。其实完成爱的作业没有什么难的，我们就是懒，不想做这种作业。如果必须老师布置，我们才做，这就不叫爱的作业。（秦本顺）

“如果必须老师布置，我们才做，这就不叫爱的作业。”秦本顺的话让教师受到了感动和鼓舞。教师决心和家长、孩子一起，将爱的作业进行到底。孩子们不是常说日记没有内容写吗？教师将鼓励他们在日记中如实、持续地记录朗读体会和家长反应。以后的日记分享时间里，孩子们将听见朗读的“爱的作业”。那些佳作，其实是由孩子和父母共同完成的。

愿意跟的，请跟上。

祝孩子们健康成长！

语文教师

9月22日

……………………………………………………………

认真阅读后，沿此线剪下，签名并写上你的意见，由孩子明天交给教师。

9月27日 / 星期日 阴

母语、文言

一

母语是什么？关于母语的所谓工具说、人文说，其实都是对母语生命感、完整感的扼杀与宰割。母语绝不是外在于人的工具，母语是最初、最深的人本身。

从母亲受孕的那一刻起，从人还是受精卵的时候起，人就在母腹——包括母亲的睡梦里——无一刻间断地吸纳、饮食着母亲用母语说话或用母语思维时身心的震颤和律动。出生伊始，对于听到的语言，人自然完全不懂，但那声音、那节奏，对人而言却是极熟悉、极温暖的——是伴随其长育成形，彻底融入骨血的。这种包孕懂得又超越懂得的温暖、熟悉、一体感，是人学会说话的前提，也是一团混沌的赤肉成为社会人的前提。

这里的母语，主要指口语层面的日常语言。

再说文言文。往昔通才、大家，无不具有深厚的旧学功底。鲁迅、胡适、季羡林自不必说，就是苏步青、华罗庚、杨振宁、林徽因、丘成桐、高锟……他们的古典文学修养之高也是众所皆知的。一个人的母语水准，往往决定了其创造力、思维能力、感情力（情感体验能力与表达能力）所能达到的境界。

社会科学也好，自然科学也好，人在具体学科取得的这项那项成就，好比硕果累累的桃树、梨树、苹果树。而要长成大树，先要有饱满的种子、肥沃的土壤。就个人素质而言，种子是天赋，土壤就是母语能力的积淀。你怎能期待半尺厚的薄地上长出草以外的东西？

所以梅尔·列文在《破茧而出》里指出：四年级之前，即母语学好之前，绝对不要学习外语。个人以为：过早过深的数学教学、科学教育也是在揠苗助长、竭泽而渔。一时一段的成绩，不过是一岁一枯荣的花花草草。想有大树，先要有丰厚的肥壤。要有肥壤，先要有教育者基于智慧和责任感的耐心、静气和定力。

这是无数人的经验：背过的白话课文，“考了忘了”，能在记忆中长久留存的，百而无一。古文呢，一旦背下，大多铭刻在心；一旦上道，一定车轻路熟，越背越顺。这是为什么呢？

剔掉陈腐说教、老调呻吟，值得孩子诵读的文言经典其实不多。穿越千百年光阴的阻隔，终于来到孩子的面前——它们至少经历过两次至为严酷的选择或寻找。

第一次：在个人写作阶段，作者经历“两句三年得，一吟双泪流”的苦琢苦磨，终于赋予胸中不得不发的郁积以称心如意的形式——即便文不加点、一挥而就，那也是厚积薄发式的井喷。这种终于实现的文与心的契合，有意思层面的，更有声音层面的——就像一首歌，同时拥有了好词好曲。

第二次：在社会接受阶段，一篇文章让世世代代的同胞感觉“心有戚戚”了。这种居然实现的一与众的契合，有意思层面的，更有声音层面的——就像一首歌，同时唱出了每个人的心事。不是大合唱，而是“每个人”的心声。不同的人听到的感觉是不同的。而这“不同”，又是人性之“大同”在具体生命的具体呈现，譬如一派春光，驻桃放为粉红，著梨绽为雪白。

何况文言经典都是高度简洁凝练的！想通这些，就很容易解释：何以我们背诵现代诗文，较难做到一字不易，然而背诵《三峡》《与朱元思书》则极难出现丢字误字的情况。那是因为：在真正的经典那里，每一个字、每一个音都是“非如此不可”的！

文字、声音的非如此不可，其实就是充满宇宙和生命的大道或真理在思想与情感——表达方式上的落实。道与道都是相通的，诵读精准、凝练、真挚、动人的文言经典，自然能够培养通透、敏锐、优雅、润泽的思维品质。更不要说背诵经典能够蓄养耐心、静气和定力——而这些，乃是智慧的特征。

中国人读诵文言文的历史已有两千多年了，而我们诵读白话文的历史只有一百来年。我总怀疑，在中国人的心智结构中，存在着文言的根系。如果文言文不是外星人从外部灌给先人的外来物，如果文言文是在漫长的历史过程中，自然生长成熟起来的中华文明的重要载体和显现，你就必须承认：中国人对于文言文的喜悦也是前世注定了的“血液的记忆”。绝对地说，文言是中国的文言；相对地说，中国是文言的中国。

当然，比起口语，这种记忆是后起的、弱势的——因为它更高级，因为多数胎儿不会“听到”母亲的吟哦。所以，如果希望他们有较高的古文修养——较深的母语水准，首先就需置他们于宽松的环境中，没有压力地听闻、读诵古诗文。这是唤醒记忆、激活潜能的最好方法，也是对铃木镇一倡导的母语学习机制的回归。

树人好比树木。就植物而言，接地气，方能长大树；就人而言，承祖荫，方能成大才。母语不精不通而先求其他，或许也能成为一门一径的专家，但其成长难求全面通泰。尼采对于德语的鞭挞何其严厉！其同胞也承认他的批判是对的。然而，个体生命之树自绝于母语之大地的代价也太过惨重了。我的意思是：我不知道——作为语言学家，尼采最终的崩溃，是否与他对母语的背弃有关。

二

国庆放假，今天上周三的课。

检查读书、背书签字；温习上周所学诗文；抽查当堂背诵——绝大多数情况下，教师只叫举手的人。王涛、李想、罗照伟又举手了。上周熟背《诫子书》的是王涛。今天，李想流畅响亮地背下了《五柳先生传》——又一次赢得持久、热烈和感激的掌声。因为教师说了："背得好，我们就听吟诵。"

徐健顺教授吟的正是《五柳先生传》。孩子们初而嬉笑，继而摇头晃脑跟着"唱念"。那叫一个兴致勃勃！

"只要专心致志，一定又快又牢！背诵的时候，你们大可以留意一下背诵的时间。一定很有意思，也是促使自己聚精会神的好方法。叶少华母亲唐老师记录，叶少华背诵《报任安书（节选）》的时间是20分钟……"上周三，教师话音刚落，若干声音嚷起来：“我只要 15 分钟！”“我也比他快！”

“口说无凭，文字为算！那就让老师在你们的日记或父母的周记中读到你们的快速背诵吧！”下面又一番摩拳擦掌。

开学至今的诵课显示：在六年级，孩子诵读古文的兴致不仅远胜课文，而且胜过诵读《清平乐》《定风波》之类。为什么？时候到了，他们的胃口强健了，须有新鲜、劲道的食物才能满足他们。

学生喜欢小古文，除了文字本身的魅力之外，不求甚解是一个重要原因。在今天，“不求甚解”已是一种奢侈的浪漫。诗词也好，古文也好，只要作为课文出现，甫一接触，教学就要求——其实是考试要求孩子在第一时间把文本的字、词、句、篇，最好连作者生平、时代背景都彻底弄懂。如果此前没有不求甚解的诵读作为温馨过渡，在多数孩子那里，第一时间的弄懂记牢只能是伤胃败兴的生吞活剥，其结果也只能是消而不化，考了忘了。辜负先贤心血，枉费孩子心血。

不求甚解的诵读，就是给足孩子耳鬓厮磨、缓浸慢润的时间。这个缓坡上升、渐行渐远的过程，是从“一二三，爬上山”开始的。

10月 October 缓坡上升的外部条件

10月10日 / 星期六 阴

仅有班级图书是不够的

一

五年级下学期，教师在日志中写道：“有位母亲告诉我，一向酷爱阅读的女儿最近不太喜欢读了。教师猜测：除了自然发生的周期性的懈怠外，另一个可能的原因是——童书已经不能满足孩子的胃口，她需要更新鲜、更营养、更有嚼劲的阅读。然而，更新鲜、更营养、更有嚼劲的阅读对比习惯了的童书阅读，就像攀登之与散步，孩子需要牵引和鼓励才能开始新的上升。”

过于巧合的是——就在孩子升到六年级的同时，教师也基本完成针对儿童阅读的补课任务。

蓦然回首，对于教师“自己”来说，小说究竟还是《卡拉马佐夫兄弟》《呼啸山庄》《飘》过瘾——重读更过瘾！那些心理描写多么令人震撼啊！当教师为思嘉和媚兰的生离死别潸然泪下的时候，不禁想到：班上最优秀的孩子，大约是可以读《飘》的。即便今天读不进，也该试一试。大不了暂时放下，然后——某一天突然开窍，沉醉其中。

高年级了，对于佼佼者来说，只有童书的阅读环境，好比只有甜点的一日三餐，会误了他们的成长发育。

教材也坚定了教师的判断。

《船长》的作者是雨果，“作家卡片”提到了《巴黎圣母院》《悲惨世界》。教师不免建议学生“买来读”。《小草和大树》介绍了夏洛蒂·勃朗特三姐妹的奋斗史，课文提到了《简·爱》《呼啸山庄》和《艾格尼斯·格雷》。教师又不免建议学生“买来读”。教学《轮椅上的霍金》时，课间看见丁若琳全神贯注地攻读《时间简史》。

“读得懂吗？”课堂上，教师有意发问。

“勉强看了二十多页，往后怎么使劲也读不懂了。”

“哈哈，你知道吗？美国前总统克林顿及其夫人希拉里曾在白宫宴请霍金，目的之一就是当面请教《时间简史》！席间，总统夫妇十分惭愧地承认：自己读不懂《时间简史》。然而开卷有益，老师还是希望你们读读《时间简史》，能读几页是几页。”

丁若琳的母亲告诉我：因为“这篇课文”“这本书”，丁若琳每天晚上趴到网上，搜索有关黑洞和宇宙大爆炸的科学资料——“天天这样，着迷得很呢！”

昨天，把《飘》带进教室：“如果你已经读过《简·爱》《悲惨世界》《汤姆叔叔的小屋》，你就可以试着读《飘》了。你将万分惊讶地读到奴隶主和家奴亲密无间，读到黑奴憎恨鄙视懒惰无能的自由黑人，读到南方上等人和忠诚能干的奴隶对于林肯及北方佬的仇恨……你会感到困惑，你将被逼着使用自己的头脑去思考、去判断、去寻找答案。而这，正是中国教育最需要的。

“不过统考的时候，最好不要写《飘》的读后感。一是你们太小，说不清；二是恐怕阅卷老师水平有限，让你们在分数上大大吃亏。如果是我，只要作文证明六年级的你确实读进《飘》了，我就整张卷子给满分，才不管其他题目做得怎样呢！”

因为《一本男孩子必读的书》，教师布置孩子国庆期间与父母共读《鲁滨逊漂流记》。昨晚散步，遇到高岩松、李旭冉的母亲。两位母亲告诉我：他们母子都喜欢这本书，“小男孩儿读得津津有味！”这给了教师很大的鼓励。

二

今天星期六，上星期四的课，第一节是语文课。教师用极诚挚、极敬佩的语气，问道：

“读过或者正读《简·爱》的，请举手。”10人举手。

“读过或正读《悲惨世界》的，请举手。”3人举手。

“读过或正读《汤姆叔叔的小屋》的，请举手。”6人举手。

班级图书里没有这三本，书是他们自己买的。

谁买好书读，谁的课堂发言精彩，谁的日记出色，谁有突出进步……谁就拥有新书的优先阅读权——这也是本班规矩。先读而已。先读为快，先读为荣。

这样做目的有二：一是想让读好书成为荣耀，二是想有意制造孩子对于好书的饥饿感、向往心。

从不奢望能对孩子发生实在而深刻的正面影响。无限信仰书籍的力量啊，努力使他们与好书结缘，是教师最深、最现实的心愿。

绿色的提袋鼓鼓囊囊。隆重地将它放上讲台，隆重地从中掏出奖品——“哇！”崭新厚实的一摞，立刻引来一片艳羡。“这是新买的班级图书，都是老师读过两遍的经典！因为特别珍爱，老师舍不得放在旧书堆里给你们借来借去。只有最爱阅读、阅读能力最强的，才能得到这些世界文学名著。这叫有奖阅读，也叫美酒敬豪杰、宝剑赠英雄！其他同学，你们愤愤不平吗？”

“不！”

“为什么？”

“因为他们比我们阅读能力强。”“因为他们比我们更爱阅读。”“我们可以向他们学习。”

“还因为在此之前，他们已经买了这些名著读了！人人都应该为自己买好书的！这才是真正的聪明睿智，这才是真正的善待自己。”

“凡有的，还要加给他叫他多余；没有的，连他所有的也要夺过来。”其中的真理性耐人寻味。那没有的，教师要给，为的是使他免于贫乏；那有的，教师更要给，为的是使他丰盈优秀。既然班级是教师苦心经营的成长共同体，这一份丰盈优秀，就绝不独属于“他”一人。

掌声中，《悲惨世界》《简·爱》《牛虻》《呼啸山庄》《野性的呼唤》发下去了，同时发下去的还有比安基的《雪地寻踪》和《写给孩子的哲学启蒙书》。无疑，这将激发“其他同学”的购买和阅读热情。

仅有班级图书是不够的。个人藏书，其实就是一个人精神世界的物化和呈现。读书，应当成为教室里经常提起的话题。为孩子及家长荐书，是教师的责任。在这里，教师向家长和网友推荐张德芬的《遇见未知的自己》。

三

因为读过《漂流记》，“必读书”上得很轻松。关于鲁滨逊，作家杨红樱借吴缅之口盛赞了他的勇敢机智、毅力顽强，称他是“一个探索者，一个发明家，一个善于创造性劳动的人”。诚然，这些都需要带领孩子结合原著，好好体会。

然而，既然《一本男孩子必读的书》说的是阅读的事，我们怎可略过鲁滨逊 28 年奇特的阅读史！书，乃是鲁宾逊灵魂上的水、火、衣、食啊！

“抗战期间，曾有中国劳工不堪虐待，独自逃进深山老林。十多年后，幸存者重返社会。人们惊讶地发现：这些孤独的逃亡者已经退化成‘野人’——智商降低，连话都不会说了。可见人与同类的交流多么重要，可见与世隔绝是多么可怕！再看荒岛英雄鲁滨逊，得到‘星期五’之前，鲁滨逊度过了孤独而漫长的25年。25年，鲁滨逊不仅成功地葆有了生命和健康，而且成功地葆有甚至发展了人之为人的智慧和理性，这是为什么？”

“他有书！”“鲁滨逊每天放声朗读！”“他还坚持写日记呢！”

于是说到“荒岛之书”，说到阅读及写作对于人在绝境时的灵魂的拯救。“很多时候，读一本好书，比跟一堆蠢人厮混更能保持和发展你的理性。”教师说，也不管他们懂不懂。

“我们回答书上的问题：‘一本男孩子必读的书’，女孩子要不要读？”

“要！”男生抢着回答，“因为女生也需要毅力、勇气和机智！”

“《简·爱》是女性必读之作，男生要不要读？”

“要！”几个读过的男生自豪地回答，“男孩也要奋斗，要做正直顽强的人。”

“还有，《简·爱》将告诉男生，什么样的女性值得敬重和爱恋。男生！这对你们将来的恋爱可能有好处！”“哈哈！”一片轻快的笑。

“最后一个问题：假设——独自一人，去一座荒岛，生活一段很长的时间，为了免于退化或崩溃，你将带哪本书？”

“把家里所有书都带上就是咯。”刘月辰不假思索地说。

“我就带《鲁滨逊漂流记》！”施淑静坚定地说。

附：

读《时间简史》有感

虽然才看到第七章《黑洞不是这么黑的》就想写一篇《时间简史》的读后感，但我打算再从头看一遍。

前两天在网上看到了一则新闻：美国天文学家观测到了有两个超大质量的黑洞将要在蛇夫座附近相撞，形成一个质量更大的黑洞。下面与大家交流一下我所掌握的知识。

在看《膨胀的宇宙》一章之前我就知道了哈勃的红移定律（释：由于多普勒效应，从离开我们而去的恒星发出的光线的红化），那时我就知道宇宙是膨胀的，因为我知道月球正一点点离开地球。我曾在网上看过，月球每年都在向外移动。既然是向外移动，就代表宇宙在向外扩张。再说一说黑洞，黑洞的引力之大是难以想象的，连光都能被它吸进去。大家都知道，光具有最快的速度，以每秒大约 299 792 458 米的速度传播。连光都能被吸进去，可想而知黑洞的引力是多么强。

《时间简史》的作者霍金是一位有伟大成就却身患重疾的物理学天才。虽然他只能坐在轮椅上度过他的一生，但小小的轮椅并没能束缚住他那活跃的思维。他是一位具有高智商的“外星人”，是一位为人类科学进步做出贡献的伟人，是一位宇宙之王。他是我最崇拜的人。

（丁若琳）

10月12日 / 星期一 晴

变通与激活

脱离生活，脱离实际——或者看似联系生活实际，但其“引导”却是去感觉、趋空洞的，是所谓“你不启发我可能会写，你一启发我就不会写了”。这是苏教版教材在习作部分的缺陷。

比如教材第二单元：

从小到大，我们沐浴过多少爱呢？数不清。你对一直疼爱、呵护你的爸爸妈妈表达过爱吗？今天回家做一件事，想一想爸爸妈妈平时是怎么爱你的，然后跑到爸爸（或妈妈）面前，看着他的眼睛认真地说：“我爱你！”实在不好意思的话，就写在纸上给他看。爸爸（或妈妈）会有什么样的反应呢？试试看！哦，别忘了把整个过程记下来，让老师、同学一起来分享。

再如教材第三单元：

俗话说“民以食为天”，几乎每个地方都有自己的美味。你看：北京的烤鸭，西安的羊肉泡馍，内蒙古的小肥羊，云南的过桥米线，山西的刀削面……从宴会上的正餐大菜，到街头村边的风味小吃，可以说举不胜举。

选择你喜欢的一种美味，向大家介绍一下，再写下来。写的时候要注意突出它的色、香、味、形。

面对这样的题目，如不变通，学生习作就只能是“横眉冷对作文纸，俯首干啃铅笔头”。于是第二单元布置“朗读，爱的作业”，并顺势将《全阅读》的朗读自修课程化——周一除了检查朗读签字，教师还组织他们就亲子共读的情境与心得和同学作分享交流。至于“地方美味”则改为“×××的拿手菜”。要求学生在留心观察之外，与父母一起采购，给父母打下手。因为需要父母（或者祖父母、外祖父母）操作，习作安排在周末。周一交来的作文不仅言之有物，而且言之有情、言之有趣。

我的拿手菜

韩玉琤

暑假时，我学会了烧菜。我炒的第一道菜是炒茄子丝，于是，炒茄子丝成了我的拿手菜。

先拿两个茄子，切成丝，盛在碟子里，然后往锅里倒些油。要注意的是，因为茄子比较吸油，油少了茄子会粘锅，所以油要多放些。油烧开了，放一些青椒丝，然后把茄子丝倒进去，之后便不断翻炒，直到看见茄子软了、缩了一点后，放一点盐，再放五六滴酱油，翻炒均匀，就会看见茄子变得墨黑墨黑的，再放点鸡精，炒几下，大功告成！

盛到碟子里，会发现原来都堆不下的茄子竟只有一点了，碟子都盛不满了。为什么呢？原来茄子是会缩的，所以你看那么多，其实一点也不多。看着盛在碟子里的茄子丝，墨黑墨黑，中间还夹杂着一些墨绿青椒丝，隐隐约约还可以看到金色的油，真漂亮！闻一闻，一股好闻的香，中间还夹着几分酱香，让人忍不住要尝一尝呢！可是我不能先尝，要爸爸先尝。爸尝了一口，立即夸我："女儿，炒得不错，手艺又进步了。"我也尝了尝，味道真的很不错，好鲜的感觉啊，而且不咸不淡，挺成功的哇！

这就是我的拿手菜，炒茄子丝，你会吗？

"口语交际"是全班最爱——爱表现的有机会了，余者则乐得有戏看。第二单元交际内容为"学习采访"。教师照例让学生自愿组合，表演采访，采访内容自定，并允诺"表现最佳的组合，有机会采访老师"。这便大大激发了他们的兴趣。于是采访表演成了打擂台，于是出现了很多同题日记——《采访薛老师》。

前几天，老师给了晏楚芸一个采访她的机会，因为晏楚芸采访王艺伟非常成功。得好好珍惜这次机会！晏楚芸说：“我和我妈妈想了好几天才想出六个问题。”可我不知道，为什么问完了却是七个问题。

今天下午，晏楚芸开始问了，我们赶忙准备好了纸笔，要把问答记下来。第一个问题是：“学好语文有什么好办法？”薛老师回答说：“多读，多背，多写，三多。”李旭冉开玩笑说：“都成许三多了。”全班都笑了起来。晏楚芸又开始问了：“如果你不当教师，会从事什么职业？”薛老师毫不犹豫地回答说：“我要去当种树的人。我最喜欢树了。”“除了书和音乐，您还喜欢什么呀？”薛老师正在思考，有个人替薛老师回答说：“植物。”薛老师赞许地点点头。这时候，晏楚芸又发问了：“老师最喜欢的人生格言是什么？”薛老师不假思索地回答说：“竭尽全力就是胜利。这是美国前总统卡特说的。”然后，薛老师又给我们举了个例子：“如果我竭尽全力考试，无论考了多少分我都不会惭愧。”说得也对，就像跑步，要竭尽全力去跑，无论你跑了第几，你都会觉得自己是第一。晏楚芸开始问第五个问题了："老师，您最佩服的人是谁呀？""居里夫人。"老师脱口而出。

"小时候的趣事给我们说一说吧。"薛老师想了一会儿，边画图边说："我家旁边有一条河，我下去摸鱼。光线从水里到空气是会折射的，所以，我看见的鱼在那里，其实真鱼不在那里，一捉，肯定是捉不到的。于是我便想了一个办法——把鱼赶到大石头里，再搬起另一块石头，用力去砸有鱼的那块石头，再把石头掀开，鱼已经被我砸晕了。""退休之后，您会不会写书呀？""应该不会吧，因为离开了你们，我写不出东西。而且我这也不是写书，是在写日记呀。"

说完了，掌声响起来。（鲍秉轩）

10月16日 / 星期五 ☀ 晴

我就是那只放风筝的小鼠

用剪纸艺术表现民谣、民间故事，就好比山丹丹开在黄土坡，红高粱燃在黑土地。其间浓郁的中国味，醇厚有如陈酒，其间畅流的生命感，活泼有如清泉——这是《老鼠老鼠》令看云爱不释手的原因。

《在那遥远的地方》一唱就成经典，人们竟以为这是一首流传已久的草原民歌。对于王洛宾来说，这种“误解”，乃是最高评价。在看云眼里，《老鼠老鼠》正是同类经典——它的大俗大雅，自然而然，一样会让读者忽略了“作者”的存在。仿佛这些画面是无数手巧者集体智慧的结晶，仿佛这些“段子”已被率性随意地吟唱了许多个世代。

教学《姥姥的剪纸》的中间，把《老鼠老鼠》带进教室。于是，孩子们看到一出名叫《老鼠嫁女》的好戏：

大红囍字墙上挂，老鼠女儿要出嫁，女儿不知嫁给谁，只得去问爸和妈。爸妈都是老糊涂，争来争去定不下，只得这样来回答，谁最神气就嫁它。

…………

婚期定在初七夜，老鼠嫁女忙不迭，大红花轿抬新娘，群鼠送亲喜洋洋。新娘刚到猫咪家，猫咪一口就吞下，猫说新娘怕人欺，为保安全吞肚里。

“哈哈哈，真爽，好痛快！”听的时候，教室里笑声不断；听完之后，有孩子脱口而出。教师知道，这种畅快，来自画面、情节，更来自文字。

“太阳、乌云、大风、围墙、老鼠和猫咪——你们说，老鼠应该嫁给谁？”

“老鼠就该嫁老鼠！”

“老鼠为什么嫁给了猫咪？”

“老鼠爸妈昏了头了，一心想把女儿嫁给天下最神气的！”

“呵呵，这就是缺乏自尊、一味攀高的结果啊！缺乏自尊、一味攀高的结果，只能是从高枝上重重摔下。”

讨论就此结束。蜻蜓点水，浅尝辄止。过多的讨论，反而会冲淡孩子对于剪纸的视觉之美、民谣的音韵之美的感受。对于今天的孩子来说，后者才是重要的——这是花朵对树根的皈依，这是树根对地泉的汲取。

小老鼠，掀斗盖，偷小瓢，挖白面；擀面饼，吃大蒜，辣得老鼠一身汗。

天清气朗的上午，小安（同事李丽，网名安遮那）给妞妞读《鼠的童谣》。“哈哈哈哈！”妞妞爆笑了。小手点着画面，听一段乐一回，仿佛有沉睡于细胞的“原始快乐”被唤醒、点燃。因这笑声的感染，几位同事放下活计围了上来。待小安念到最后一段，所有人——包括路过被吸引来的数学教师，和小安母女一起喜滋滋地“放声高唱”：

小老鼠，上灯台，偷油吃，下不来；叫妈妈，妈不来，叽里咕噜滚下来。

“又来了一只蓝老鼠，三只老鼠敲大鼓。”妞妞指着书上的字大声读，那意思很明显：她希望妈妈把《老鼠老鼠》一口气读完。

老鼠老鼠一月一，打着灯笼去看戏，台上锣鼓敲得急，台下老鼠心欢喜。

老鼠老鼠二月二，支起大锅炒豆粒，龙抬头日吃豆子，嘎嘣嘎嘣真带劲。

老鼠老鼠三月三，大鼠小鼠齐上山，手拿风筝满山跑，风筝风筝飞上天。

老鼠老鼠四月四，众鼠出门采柳枝，清明时节马上到，插柳戴柳别忘了。

因为太喜欢，严老师将《十月歌》又读了一遍。众人边笑边议："看把老鼠忙的！这哪里是老鼠，分明就是人嘛。""'龙抬头日吃豆子，嘎嘣嘎嘣真带劲。'现在的小孩都不吃豆子了，他们的牙口远不如我们了！""看哦，老鼠也过清明，还知道插柳呢！""鼓声咚咚，振奋人心。人一兴奋，就不容易生病。敲鼓驱毒绝不是迷信！""好大的葫芦！干脆，两只老鼠钻进去谈恋爱算了！""我家过中秋也要拜月的，那种感觉真好！"

"'最后来了绿老鼠，四只老鼠齐喝酒，一下又到年二九。'噢——过年咯！"妞妞欢呼起来。《老鼠过年》是数学教师王老师读的：

小老鼠，你别馋，过了腊八就是年；腊八粥，喝几天？哩哩啦啦二十三。

二十三，是小年，做好糖瓜祭灶神；灶神骑马上了天，嘴里直喊糖瓜黏。

二十四，扫房子，扫完房子擦桌子；擦完桌子擦凳子，擦完凳子擦瓶子。

末一页，大家又一次齐读：

三十夜里熬一宿，大年初一扭一扭；贴对联，放鞭炮，乐得老鼠哈哈笑。

“哎——真舒服！”教信息的李浪说，“有首歌怎么唱的？‘洋装虽然穿在身，我心依然是中国心’，中国人读中国故事，就是亲切，就是有感觉。”

这种“亲切”“有感觉”，就是所谓的接地气！亲切、舒服，是因为个体生命的根须通到了民族集体记忆的深黑土壤。我们喜欢，是因为我们对书中的生活有体验，有记忆——表面看起来是这样。四岁的妞妞，小安夸口“已经看过不知多少图画书了”的妞妞，为什么她也这么喜欢？因为纯净的童趣，因为泥土的气息，还因为无意识的集体记忆！

清明插柳，端午驱毒；中秋拜月，重阳登高；过了腊八过小年，祭完灶神剪窗花；放鞭炮、贴对联，欢欢喜喜又一年！春种夏耘，秋收冬藏；世世代代，祖祖辈辈——这些体验和记忆，早已融入每个中国人的血液，不是钢筋水泥的高楼大厦轻易可以彻底隔绝的。即便曾遭阻隔，一旦接触，极易唤醒、点燃。这种超越个体经历的深层记忆、深层情感，就是所谓的民族根性，就是所谓的“流在心底的血，澎湃着中华的声音”。

10月23日 / 星期五 晴

缓坡上升的外部条件

一、一二三，爬上山

日有所诵快六年了。本班是从五年级开始使用《日有所诵》的。站在六年级蓦然回首，发现《日有所诵》开篇的那首儿歌，居然就是《日有所诵》的愿景：“一二三，爬上山，四五六，翻斤头，七八九，拍皮球，十个手指头，就是两只手。”

这真是巧合！在编写组，我的任务是构建框架，即各年级“诵读套餐”的搭配方案，负责宋词元曲的选篇。

但这又绝不只是巧合。中国古来相信歌谣——尤其童谣——是可以传达天意的。每个重要历史关头，都会响起载入史册的歌谣：“大楚兴，陈胜王。”“举秀才，不知书；举孝廉，父别居。”“打开城门迎闯王，闯王来了不纳粮。”“黄浦江上有座桥，江桥腐朽已动摇。江桥摇，眼看要垮掉，请指示，是拆还是烧？”

作为日有所诵的实践者、倡导者、宣传者，我相信，我宁愿相信：这种巧合所传达的，正是源于大道的激励、愿景和预言。

“读一本好书，就是为世界做一件好事。”“花婆婆”方素珍如是说。果真如此，教师培养“终身读书人”的努力，就是“行善之人，如春园之草，不见其长，日有所增”。

论到日有所诵，就是“六年一贯，日不间断；缓坡上行，渐高渐远”。缓坡上行的，是诵读内容，也是诵读能力——感受能力、思想能力。

小猫拉车，老鼠不坐。
黄鼠狼拉车，小鸡不坐。
灰狼拉车，山羊不坐。
老虎拉车，谁也不坐。

兔来了，狼来了，
螃蟹爬上墙来了。
电灯一关都跑了，
电灯一开又来了。

多有趣啊！儿歌，是童心自然绽放的花朵。所以，一定要从儿歌开始，着意呵护儿童的自然感觉，着意培植儿童的诵读兴趣。然后慢慢地——童诗、绝句、晨读对韵；宋词、元曲、上古歌谣……读来、背来都像儿歌一样轻松了。

教读，范读，齐读，解释，轮读，单读——来来回回十多遍，这是初诵《报任安书（节选）》的情形。整整用时20分钟，可谓步步为营，稳扎稳打。仅仅六周过去，孩子诵读古文的感觉日渐熟稔，课堂诵读时间也日渐宽裕。还是周一上午那节课，现在我们增加了：温习前三单元的宋词、元曲、古文，背诵前一单元的宋词、元曲、古文，然后才是诵读古文新篇、听吟诵，或看图画书、分享朗读体验。

二、背诵及心证

无需范读，径直背诵——而且是急诵。这是打通思维、融解隔膜、强烈震撼、整体摄受的好方法。背诵，就是用最朴素的方式，直接有力地传送教师的热诚和期待，引动学生的热情和向往。当然，这也需学生多少有些古文底子，否则如听天书的他们会发蒙、自卑的。

2007年冬，扬州，亲近母语研讨会上，轮到哲学教授陈家琪发言了：“各位都是语文老师，我对语文老师十分崇敬。这是为人生奠基的职业。请允许我用背诵课文的方式表达我的崇敬。”然后陈教授以极快的速度，一口气背完了《岳阳楼记》。然后他说：“中学课堂上，我就这样地背完了《岳阳楼记》，语文老师对我大加赞赏！于是我爱上了语文，我与文科的毕生情缘，从此确定！”

对教育而言，重要的是激活、点燃，而不是灌输、填塞。如果一切都要老师去教授、阐释，那么孩子能够得到的何其少，那么教师工作的意义何其小！

都说粉笔字、简笔画、普通话是教师的基本功。在我看来，对于语文教师来说，经典背诵是更重要的基本功。

如今的教师，太能说、太会说、太爱说了，如果我们能够沉静一点，谦虚一点，老老实实多背一些——并且怀着这份沉静与谦虚，带着孩子多背一些——也许母语教学的状态会好很多。

第一次径直背诵是无意间做的。因为教师爱极了这一篇，非背不可；因为学生程度到了，可以听背了。

敞开无尽的追想，放出久蓄的力量——这是郦道元的《三峡》，这是在学校、在家里、在会堂，教师独自或面对同行诵过无数遍的《三峡》！方寸之心深深眷爱的，是那般文字，更是那般山水。“清荣峻茂，良多趣味”啊，“高猿长啸，属引凄异”啊。一切的一切，都成梦境、仙境！难道那些灵猿早就知道了自己的命运、三峡的命运？好在世上还有这样的文字，它具有重岩叠嶂不能比拟的坚固与恒久；好在世人还有这样的灵性，它具有超越实体的想象力和感受力——它可以乘着诵读的翅膀，融入那样的文字、那样的天地。只要你愿意，只要你有感觉——你就是重岩叠嶂，隐天蔽日；你就是滚滚江流，乘奔御风不以疾也；你就是素湍绿潭，回清倒影；你就是寒林肃涧，正当晴初霜旦！当其时，不知今夕何夕；当其时，不知身处何地。构成生命的不是事件，而是体验。往事不可追，来者犹可谏——当其时，沉醉于斯又灵醒于斯的是真是幻——一点都不重要！

自三峡七百里中，两岸连山，略无阙处。重岩叠嶂，隐天蔽日。自非亭午夜分，不见曦月。

至于夏水襄陵，沿溯阻绝。或王命急宣，有时朝发白帝，暮到江陵，其间千二百里，虽乘奔御风，不以疾也。

春冬之时，则素湍绿潭，回清倒影。绝巘多生怪柏，悬泉瀑布，飞漱其间，清荣峻茂，良多趣味。

每至晴初霜旦，林寒涧肃，常有高猿长啸，属引凄异，空谷传响，哀转久绝。故渔者歌曰："巴东三峡巫峡长，猿鸣三声泪沾裳！"

学生听傻了，然后急不可耐地、充满感情地诵读起来：

自三峡七百里中，两岸连山，略无阙处。重岩叠嶂，隐天蔽日。自非亭午夜分，不见曦月。

若有外人在场，绝听不出这是他们的第一次朗读。那份通融与顿悟，来自认知的积累，更来自教师激情背诵所裹挟、所传达的身心入境的震撼！打通思维、融解隔膜、强烈震撼、整体摄受——这种超越阐释直接到达的朦胧而深刻、完整的体悟，就是所谓心证。

这就是背诵的好处，这就是发声的朗读能够提高学力的原因。

声音是文字的来处，而宇宙之心，即人人皆有、万物归一的道心，则是化生万物的唯一能量场，是一切好文字、好声音、好形象、好气味、好品行、好感觉的同一泉源。这永恒的宇宙之心，这唯一的能量之场，更好地保存在儿童那里，沉睡在儿童那里——等待着好文字、好声音、好形象、好气味、好品行、好感觉的唤醒与激活。

三、感觉与行动

第五单元是《与朱元思书》。

“这也是老师最喜爱的篇章。看看如今的山河大地，想象它们曾经的洁净美丽。每次读它，老师就想哭！满心都是哀伤和罪感！”说完，教师开始背诵了：

风烟俱净，天山共色，从流飘荡，任意东西。自富阳至桐庐一百许里，奇山异水，天下独绝。

水皆缥碧，千丈见底；游鱼细石，直视无碍。急湍甚箭，猛浪若奔。

教师对自然的清水是最有感情的，背到这里，教师难过得几乎落泪。学生的诵读，自然染上悲伤。然而，两段之后，他们又渐渐变得兴致勃勃了！究竟还是美文本身的力量巨大深沉——它以晴朗柔和的阳光射穿、驱赶了教师带来的阴霾：

夹岸高山，皆生寒树，负势竞上，互相轩邈，争高直指，千百成峰。泉水激石，泠泠作响；好鸟相鸣，嘤嘤成韵。蝉则千转不穷，猿则百叫无绝。鸢飞戾天者，望峰息心；经纶世务者，窥谷忘反。横柯上蔽，在昼犹昏；疏条交映，有时见日。

孩子的声音清明而快乐，仿佛此刻他们就蹦跳漫游在这样的水光山色之中。这是儿童生命力蓬勃向上的证明，这也是世界还有希望的证明。孩子是对的！我需要这种蓬勃向上的生命力。我该竭力去做的，就是让这股力饮到母语的阳光和清泉，然后欣赏他们的蓬勃生长，享受他们的照耀滋润。

因为学生，原本会背的，如今刻骨铭心；原本不会背的，比如《五柳先生传》《春夜宴诸从弟桃李园序》《荔枝图序》，我也烂熟于心了。

> 这是个充满情感的宇宙，如果你只在理智上相信某事，但背后却没有与之对应的感觉存在，那么，你就不会有足够的力量在生命中实现你想要的事物。你必须对它“有所感觉”。（［澳］朗达·拜恩《秘密》）

对于班级诵读来说，第一重要的，不是教师水平高不高，而是教师有没有感觉。当然，感觉是可以培养的。如果你理智相信而感觉不足，不妨和孩子一起诵起来。你不能假装水平高，但你可以假装热情高。这种假装其实是一种预支。紧接着，孩子呈现的状态定会让你弄假成真——“只是，你千万要聚焦于他们好的一面。因为：任何事物，只要专注于它，我们就是在创造它。”

不要等到水平提高、感觉充沛才去行动。须知，童心比我们更少污染，孩子比我们更接近真理。请相信，当你发愿与孩子一起成长的时候，孩子会以他们的蓬勃、清新、滋润、矫健，反过来蓬勃你、清新你、滋润你、矫健你，从而提高你、充沛你。

目前我们所面对的教育现实多么令人幻灭、绝望和麻木啊！不要想得太多，不必看得太远，趁此刻还有感觉，请抓住感觉，立即行动。

“有信心地踏出第一步，你不需要看到整个楼梯，只要踏出第一步就好。”

四、充满爱的思想

“适宜的环境、谦虚的教师和科学的材料，这就是我们的教育方法的三个外部特征。”套用蒙台梭利的话，宽松的条件、谦虚的教师、适宜的材料，这是“日有所诵”缓坡上升之目的得以实现的外部条件。

环境好比阳光空气，教师好比栽种浇灌的人，材料好比泥土——对于种子而言，这些当然都是外部条件。

最可敬畏的力量潜藏在种子的内部。对于这属神的生长力，教师唯有信仰，唯有呼唤，唯有祈祷，唯有期待。

“宽松的条件”指班级诵读绝对与学校组织的考核、检查乃至展示、表演脱钩。真正的宽松取决于学生，也取决于教师——首先是教师。

“谦虚的教师”指对母语有感觉，从而专注于提升、传达这种感觉的沉静的教师。

蒙台梭利认为，“理智的沉静”是幼儿教师必备的优秀品质。理智的沉静是指一种没有杂念的、更好的和畅通无阻的状态，它是内心清澈与思考自由的源泉。

拥有这种沉静的教师，首先是具备了心灵的谦虚和理智的纯洁的，它是理解儿童不可或缺的条件。

“适宜的材料”指已经做到能有的最好，将来还会更好的《日有所诵》。

“一二三，爬上山，四五六，翻斤头，七八九，拍皮球。十个手指头，就是两只手。”从这里开始——六年一贯，日不间断；缓坡上行，渐高渐远。

10月28日 / 星期三 阴

“同修”

星期三，照例要查日记，照例有孩子朗读日记。施淑静的《感恩石》激起阵阵涟漪——这让教师忆起教学《轮椅上的霍金》的情形。那堂课，我们的话题正是“感恩”。

“你们相信霍金对命运怀抱感恩之心吗？”

“相信！”

“如果你是霍金，如果你因卢伽雷氏症和穿气管手术而终生瘫痪并失去说话能力，你会对命运怀抱感激吗？”

“不会！”

“为什么？”

“我太惨了！”“这太不公平了！”

“请看第四段，请读第一句。”

医生曾诊断身患绝症的霍金只能活两年，但他一直顽强地活了下来，并且正是在这种令人难以想象的艰难中成为世界公认的科学巨人。

“医生曾诊断身患绝症的霍金只能活两年，但他一直顽强地活了下来，并且正是在这种令人难以想象的艰难中成为世界公认的科学巨人。”带着对霍金的景仰，也带着对“感恩”的理解，教师读。然后说：“然而医学宣判被推翻了！三十多年过去，霍金不仅活了下来，而且活出了举世瞩目的精彩与辉煌！这真是生命的奇迹！请问，是什么创造了这奇迹？”

“乐观向上的精神。”“霍金有颗感恩的心。”

“事实为大。对于无力改变的既成事实——残酷事实，唯一正确的态度是放弃抱怨，接纳事实。不要盯着不幸无用地悲叹；而要换个角度，看到命运尚未夺走的许多，慷慨赐予的许多，并对这‘许多’怀抱感激。比如灿烂的阳光、清新的空气、深藏奥秘的世界、可以阅读的视力……只要霍金愿意，这张感恩清单可以开得很长很长！盯着失去的，你必失去更多；感激已有的，你将拥有更多——也许你不信，但霍金却是这样想的！这一点，依然恬静的微笑是证明，不假思索的回答是证明！读！”

霍金的脸上却依然充满恬静的微笑，他用还能活动的手指，艰难地叩击键盘，于是，随着合成器的标准伦敦音，宽大的投影屏上缓慢而醒目地显示出如下一段文字：

我的手指还能活动，

我的大脑还能思维；

我有终生追求的理想，

有我爱和爱我的亲人和朋友；

对了，我还有一颗感恩的心……

“如果没有乐观的精神、感恩的心，霍金的结局必定怎样？”

“只活两年。”

“是的，两年。悲观抱怨的两年，痛苦绝望的两年。如果那样的话，人类将少了一位英雄，世界将少了一桩奇迹——‘感恩’的奇迹。再问，假设——我们希望这样的事永不发生——假设你就是霍金，二十来岁，血气方刚的年龄，突然遭遇难以想象的病痛、冷酷无情的宣判，现在，你会怎样？或者，你该怎样？”

“感恩！”

“为什么？”

“已经残疾了，这是没有办法的事情。感恩能够带来超越医学的力量。感恩的力量可以延长生命，创造奇迹。”

"和霍金相比，我们是幸运的，但我们也会遭遇挫折，所以我们要学习霍金——学习拥有乐观的精神、感恩的心。不是为了成为科学巨人，而是为了活得平和美好。因为：盯着失去的，你会失去更多；感激已有的，你将拥有更多。更何况——相由心生，好心态最大、最直接的好处，就是让你拥有可亲可爱的相貌。这一点，老师坚信不疑，你们信不信？"

"信！"

"信是一回事，行是一回事。信易行难。"教师边说边板书，"就说我自己吧，其实我最不心平气和了。课堂上，我经常生气，尤其是提问没人搭理的时候。那时，我就把手伸进口袋，悄悄摸摸小石子儿——暗暗提醒自己心平气和。"变魔术似的，教师亮出一粒光滑圆润的雨花石，"这叫什么石？"

"感恩石！"他们说。

"如果你是夏洛蒂·勃朗特，你对命运有哪些感激？"教师斜刺里一问。夏洛蒂·勃朗特是前一课《小草与大树》的主人公。

"感激命运，让我生在一个穷牧师家庭，我虽然上不起学，但还可以跟着父亲读书。"

“感谢命运，让我遇到了罗伯特·骚塞，他的傲慢冷酷刺激我顽强奋斗。”

“感谢罗伯特·骚塞，因为他说：‘放弃你可贵而徒劳的追求吧——文学，不是妇女的事业，而且也不应该是妇女的事业。’仔细想想，这话也有对的地方，我确实不该徒劳地写诗，而应该改写小说。”

“回到自己，说说你对命运有哪些感激。”教师问。

纷纷然，各抒己见。

姚剑强的一句话引来哄堂大笑，却令教师肃然。这孩子很哲学地说：“我感恩，我是一个人。”

《遇见未知的自己》《秘密》《新世界》《当下的力量》——正读的几本书，让教师更加确信：如今的孩子，小小年龄承受着巨大的外在压力、内心冲突，他们需要知识，需要德育，更需要调心。

从最根本的意义上说，所有的坏人，其实都是病人。

当然，比学生更容易患病，更需要调心的，是教师。

班级是道场，教室是道场。孩子是我的学生，更是我的同修。感谢命运——让我拥有这班好“同修”。

附：

我有一颗感恩石

施淑静

哈哈，我现在终于找到属于我的感恩石了！薛老师说："有一颗感恩的心的人，做事情会顺利，而且人也会长得很漂亮。"所以，我的这颗感恩石是很漂亮的，不信你看我在这里画的感恩石！

我的这颗感恩石其实是我在家里翻箱倒柜找到的。这颗石头是我和施俊瑞暑假从南京雨花台买来的，不过它现在有了一个新的名字，叫作"感恩石"，我自信它会喜欢这个名字。施俊瑞和姐姐也有一颗雨花石，姐姐的是紫色的，我的是红色的。因为今年是我的本命年，所以施俊瑞的妈妈帮我选了一颗红色的雨花石。不，应该是一颗红色的感恩石。

我想，施俊瑞也应该把他的那颗雨花石当作他的感恩石。因为我觉得施俊瑞有太多地方值得感恩了。比如说，上个周三的早晨，我在穿鞋的时候，施俊瑞的爸爸就拿着这个"丢落鬼"的日记和笔，叫我到班上给施俊瑞。施俊瑞有一个这么关心他的爸爸，应该好好感谢命运了！虽然我的爸爸妈妈不像施俊瑞的爸爸妈妈一样关心我的学习，但是他们拼命挣钱让我读书，也是一种对我学习的关心啊！

感谢命运，让我有这么好的爸爸妈妈；感谢命运，让我有这么好的学习环境，不像山里那些穷苦的孩子；感谢命运，让我的家离学校不是很远，而且我还有一辆自行车；感谢命运，让我有一个姐姐，不然独自一人在家的时候我会吓死的；感谢命运，让我在薛老师的班级，从而可以学到这么多的知识……我每天早晨和晚上都要捧着这颗感恩石说这些感恩之语。

啊，相信我有这颗感恩石之后，一切事情都会变得顺利。这是我的感恩石，也是我的幸运石！

10月30日 / 星期五 阴

《舜耕历山》朗读实录

一

开卷之前，先上下纵横说一通。边板书边说，为的是让学生之后能够集中精力看图。其间，有几个博闻的孩子跟着接茬蹦词儿。教师甚为赞赏，这让同学起了羡慕的心。教室渐渐溢满新鲜、亲切、渴欲的气息——可以看图了。

“哦！大象耶！”他们惊呼。

“舜耕历山，原来使的是大象！”教师跟着赞叹，“你们以为，这是神话，还是事实？”

一片争执中，翻页到环衬：“一排排的，这是什么？”

“罐子，杯子，鱼，鹿……”他们边看边说，然后总结，“各种陶器、鱼，还有中箭的鹿！”

“朗读开始。魏鹏，请！”

“相传舜是中国东方的首领。凤是中国东方先民的图腾。一天夜里……”魏鹏清脆润泽的声音响起。

“凤的化身”“目生双瞳”，教师板书，问：“互相看看，你们谁是目生双瞳的？”教室里热闹起来，同座位、前后位，一阵儿凝眸与嬉笑。

翻页，嬉笑复变为惊叹：“哇，好帅的舜，好温顺好肥壮的大象！”

“相传，舜在历山脚下教人农耕。当时黄河流域有象生息，舜驯服大象耕耘。”魏鹏读。

教师板书“驯服大象，耕于历山”。

“舜又教人制陶器，发展生产。舜还教人捕鱼狩猎。”

“想起什么没有？”教师问。

“环衬有这些！”“环衬就是为了纪念舜教民渔猎和制陶！”

板书“教民制陶，教民渔猎”。

“舜和他的父亲还发明了琴和瑟。舜功德无量，人民载歌载舞拥戴他。因为舜是凤的化身，人们就把舜画作凤的形象，作为图腾崇拜。”

板书“发明琴瑟，凤的图腾”，问：“发明琴瑟的功劳大不大？”

“大！”“琴瑟可以丰富和提升人们的精神生活！”“人

们从此可以在琴声中载歌载舞了！”“只是有吃有穿的生活，不算真正的美好！”

一年级以来，这个班级所在的语文课堂，是真正的弦歌之地，所以，他们对“发明琴瑟”，很有感觉，深怀感激！很多版本的传说中，舜父甚恶，不止一次要害死这个长子。教师很高兴《舜耕历山》里的舜父是个好爸爸。这便让孩子——尤其是幼儿——感到了安全。

然后是“遇火化凤”“落井化龙”“雨夜穿山”“南巡仙去”，然后又是环衬。这一回，他们对一排排的陶罐鱼鹿倍感亲切，然而教师却有不小的腹诽：环衬，是绝对不该少了琴瑟的。因为这是人之为人的精髓——中国人之为中国人的精髓。

二

看板书，回顾历史；再开卷，品味图画。

出示《第三辑导读手册》，封面封底连在一起，就是一幅完整的壁画。画面太小，教师举着小小的导读手册，在座位中间前后走了两趟。

“真是一幅长卷哎！”“原来这就是壁画！”

其实这是壁画风格，壁画手法。教师喜欢其色调氛围的淡雅迷蒙。堂皇而飘逸；渺渺然，如烟如雾的，是历史的久远、记忆的绵长、梦境的空阔、追思的倔强，更是正在昏睡、正在弱化——亟须唤醒、亟须彰显的民族自信和民族情感。

随书解字。“看我画，猜猜这是什么字！”

“象！大象！”甲骨文出来了，他们得意地喊；金文出来了，他们确定地喊；小篆出来了，他们兴奋地嚷——当楷书一笔一画出现的时候，他们乐了：“为！”“为！”

“猜‘象’没有错。只是，你们不该忽略象头上面那只手。”指着甲骨文、金文、小篆的“手部”，教师说，“现在可以告诉我了，‘为’是什么意思？”

“用手牵着大象，驯服大象，让大象耕田干活！”

“对。这正是‘为’的本意，这也正是舜在历山所做的事情，叫作——”

“舜耕历山！”

“舜耕历山，大有作为！回家之后，希望你们读三本书：《老残游记》《红楼梦》，还有——”

教师不说了，转身在“凤的图腾”的后面写字。他们大声读出那本好书的名字：“《狼图腾》！”

附板书：

舜耕历山

|

济南千佛山（大明湖畔）—《老残游记》

尧
|
舜——娥皇、女英——斑竹——《湘夫人》（屈原）——《红楼梦》——潇湘馆、潇湘妃子
|
禹
|
夏启

大舜：凤的化身，目生双瞳；驯服大象，耕于历山

教民制陶，教民渔猎；发明琴瑟，凤的图腾（《狼图腾》）

11月 November 把大象牵进教室

11月1日 / 星期日 阴

把大象牵进教室

一

教师只讲了一本《我想去看海》，一周之后，班上就有了六套《不一样的卡梅拉》。而《幼学启蒙丛书》，从上学期讲到今天，班上才有一个孩子买。这说明什么？这说明《幼学启蒙丛书》一定要进课堂，教师必须咬定青山说“幼学”。

是的，同是图画书，比温馨，比童趣，《幼学启蒙丛书》绝对比不过《爱心树》《逃家小兔》《月光男孩》《猜猜我有多爱你》；在孩子那里，“幼学”的吸引力甚至比不过“奥特曼”“乌龙院”“老夫子”。

然而，诚如家长不能根据孩子口味确定三餐食谱，教师也不能听任儿童阅读只被香酥温软的童趣所牵引、所主导。

儿童需要多种营养，不要说高粱、大豆和玉米了，即便是酸菜、辣椒和苦瓜，也有它不可替代的价值与魅力在——仅有牛奶、蛋挞和草莓是不够的，将营养和味道不同的书籍带给孩子，就是为他们打开一个新的世界。

是的，对于读惯了《可爱的鼠小弟》的孩子来说，要让他们自动喜欢《黄帝诞生》《龙生九子》也许有点难。作为读者，对任何一本书都有不喜欢的权利；但是，若想成为一个有根的人，对传统文化却非了解不可。了解是一回事，喜欢是一回事——生动活泼的了解，大多可以带来喜欢。这就要求教师想方设法，选择优质读本，采取亲近方式，和孩子一起慎终追远，溯本求源。对于教师来说，这是不可推卸的责任。

儿时读革命故事，长大读革命文学，我们这一代人——包括数学教师，甚至包括语文教师，无力阅读外国文学的不在少数。这是阅读胃口、阅读能力早期遭局限的结果。

今天，在儿童阅读蓬勃开展的地方，小学生阅读恩德、怀特、林格伦乃至《简·爱》《牛虻》《野性的呼唤》毫不隔膜——能达此境，教师满怀热情的引导起了关键作用。所以，当中国孩子对《愚公移山》《朝三暮四》感觉隔膜时，教师是否应当反躬自问，起而行之？个人以为，这是不言而喻的。

人类的心量无限，儿童的兴趣多样。相信总有一些孩子会喜欢的；而那原本不喜欢的，必会因为教师的努力，慢慢有些喜欢。

即便为了真心喜欢的“一小部分”，我们也必须借由优质读本，在教室里演绎《共工触山》《鹬蚌相争》的好戏，探讨“除夕年”和“清明节”的来历——将舜的大象牵进教室，让禹的功绩照亮童心。

否则，多数孩子将一生错过因图画映照而格外绚丽的——《夸父追日》的壮烈，《女娲补天》的深情，《舜耕历山》的浪漫，《大禹锁蛟》的豪勇……而那“一小部分”的损失，其实就是整整一代人的损失，整个世界文明的损失——如果你同意中华文明是世界文明的重要组成部分的话。

二

《格林童话》的来源，是格林兄弟搜集的民间传说、民间故事。

从1812年初版起，格林兄弟一直不断地对童话集进行着增删与润色，特别是弟弟威廉·格林，几乎花费大半生的时间，一版接一版精雕细刻地改到了1857年第7版，其间跨度竟长达45年之久。这一版面世的第二年，即1859年，威廉·格林与世长辞，童话集的修订也随之被画上了一个终止符。（彭懿《格林兄弟与〈格林童话〉》）

出于对民间文化的珍爱，先是格林兄弟，然后是德国人，然后是整个西方，二百年来不遗余力——为民间故事做着净化、软化、传播的工作，终于使得那些掺杂嫉妒、色情、血腥色彩的原生态的民间故事，变得清洁、柔软、适合儿童——成了世界上版本最多、发行量最大的童话集。

发端于德国的华德福教育，其幼儿和小学阶段的语文教学，坚持不用教材，坚持要求教师为儿童讲述民间故事——主要是格林童话。

与此同时，先是德国，然后是整个西方，一代接一代中产阶级家庭的父母不约而同地给孩子讲述着格林童话——不约而同地借由儿童的聆听和影响，提升、成就并传播着格林童话。

民间故事、民间传说，最是民族集体心态、集体意识的深根厚壤。

《格林童话》是一个奇迹，根据儿童教育的需要，对民间故事再创作的奇迹；《格林童话》是一朵奇葩——从民族精神的深根厚壤中倔强开放的文学奇葩。

当其时，拿破仑及法国的入侵和统治强化了人们的民族意识，激发了人们的爱国情操。为了打破法国文化一统天下的局面，格林兄弟及其同道就从民间文艺中探寻德意志民族文化的根源，重构德意志文化和日耳曼精神。

> 兄弟俩于1806年着手搜集童话时，同时爆发的耶拿和奥尔施泰特双战役的炮火震撼了德意志大地。原有的秩序土崩瓦解，成千上万的士兵死于非命，熊熊的烈火吞噬了村落和房舍。在这样的年代，两个二十上下的年轻人钻研看来如此冷僻的学问岂非难能可贵？正是这样。他们努力拯救的正是人民创造的精神财富，许多瑰宝因此免遭了泯灭的厄运。他们清醒地意识到，现在如不抓紧，在行将到来的新时代，这些诗的珍品将被人遗忘。以后的事实果然表明，他们的功勋比当年的文治武功更能流芳百世。（赫·格斯特纳《格林兄弟传》）

最民族的最世界。一部《格林童话》的形成史、接受史、传播史，其实就是一个民族以顽强的毅力、巨大的热忱，将其民间故事、本土文化苦心搜集并不断净化、提升、阐发、弘扬——深入童心、远播世界的历史。

传承文化，首先需要传承的是源自骨血的热情，其次才是得于思维的知识体系。创造的源泉之一，不在理性思维，而在非理性热情。理性思维未必能思量“不可能发生的事情”，而让不可能的事情发生，正是创造的任务、热情的结果。

前有格林兄弟，后有米切尔·恩德。前两位，将明明儿童不宜的民间故事改造成童话经典；后一个，则拒绝称自己的作品为儿童文学作品。看似相反的两件事，其实源自同一民族特质。所以米切尔·恩德只能产生于酷爱哲学沉思、注重道德教化的德国；所以，恰是为了儿童，偏偏不能一味迎合儿童。

三

这里丝毫没有竞争的意思，因为竞争毫无意义。既然一个德国的民间故事可以经由提纯、阐发，如此深刻地丰富人类的精神生活，尤其是儿童的精神生活，那么，面对《格林童话》的成就，对比中国绚烂丰富的传统文化，或许我们应当能够得到一些启发。

心理学的常识告诉我们：为了自身的健康，人应当用与关注外界一样的热情去关注自己内心发生的事情。

同理，作为有理想、有志气的中国教师，我们也要用与介绍译作一样高涨的热情，去传承、发掘、更新我们自己的好东西。

作为儿童阅读推广人，我们不乏世界眼光，我们的眼光还要更加世界。然而，在我们的眼中，我们的心里，“世界”——怎能缺了中国？怎能想象，中国儿童的英雄谱中，竟然没有盘古、夸父、女娲、大禹？

《疑人偷斧》《米芾学书》《廉颇负荆》《曾子杀猪》……这些老故事确实不够现代，不够儿童。然而，成人的梦想是回到童年，孩子的心愿却是早日长大。

对于儿童来说，成人世界，往昔岁月，其实很有魅力！很多稍有建树的人，可能都会忆起一样的经历：儿时最得意的，就是偷看父母的书及由此得到的巨大满足。

我们这代人，多数童年没有真正的儿童阅读。傻子都能看出来：这份异乎寻常儿童的阅读热情，对于四五十岁的我们是极不正常的！这是晨昏颠倒的恶补，这是老夫欲发少年狂。

所以，我们要警惕：热情的背后，可能潜藏着个人无意识的过度补偿心理；我们还要警惕：将心比心的背后，是将过度补偿心理投射到孩子身上，从而低估了儿童的能力，错看了儿童的需要。

人只能看见自己愿意看见的。当我们自己不喜欢的时候，当然看不见——更无力激发孩子对于《幼学启蒙》的喜欢。所以我们需要补的课很多，补完了儿童阅读的课，还要补传统文化的课——作为语文教师而没有听说过《纪昌学射箭》《共工触山》的还真不在少数，正如语文教师需要和孩子一起背诵《晨读对韵》《飞鸟集》的不在少数——你以为不幸吗？我以为不然。作为教师，无知而不自知，才是大不幸、大作孽！

四

教师必须在课堂朗读《幼学启蒙》的理由已经说了很多，如果精力和能力允许，我还可以说得更多更深。然而我知道：促使我如此朗读，如此阐释的最深刻的理由，是无理由——是呐喊于细胞，涌动在血脉的“非如此不可”！这份固执，也许正与德国人对《格林童话》的固执相类似。

两百年来，西方儿童阅读突飞猛进，而中国却刚刚启程，还在蹒跚学步中。方今之时，以精美、隽永的图画书系统整理民间故事、传统文化，是一件承前启后、继往开来的壮举。故事内容丰富多彩，绘画风格深弘大气——如果你有一颗中国心，读文赏图，定能得到格外亲切的浸润与满足。《幼学启蒙丛书》呵，急需启蒙，急需由此苏活润泽生命之根的——何止是幼童！

方今之时，拿中国古代神话、中国民俗故事和现代的、顶尖的儿童图画书作比，并且比童趣、比温馨——其间荒诞，大类“关公战秦琼”。促成这种不公之比的，不是学术上的无知，乃是潜藏的妄自菲薄。

外来的好东西果然铺天盖地，令人目不暇接啊。对比之下，我们的家底果然寒碜可怜！事在人为，如果我们任其寒碜可怜，它将终究寒碜可怜，而最终寒碜可怜的，是我们——和我们的孩子。《兔儿爷》将传统节日儿童化的努力，则让我们看到了希望。

没有人能换净血液，没有人能跳出皮肤，没有人能甩掉影子，没有人能忘记童年。无论我们喜不喜欢，这些传说，这些历史，就是我们整个族类的血液、皮肤、影子、童年。即便你忘记，你抛弃，别人也能记得，能认出——而且看不起。

外来的好东西，可以充实强健我们，也可能淹没迷失我们——但看我们有没有根底。数典忘祖，缺乏根底，充其量也只能是开花的盆景。而中华文明的复兴，需要成千上万根深蒂固的参天大树。

为了孩子及自己的更新与发展，数年来，我们不遗余力地介绍译作，到处播种和点燃。为了一样的目的，而今而后，我们还要不遗余力地传承中华文明的种子，到处播种和点燃。

这件事，我们不做，没有一个外人会帮你做。

11月6日 / 星期五 阴

有关吟诵的日记剪辑

一

老师早就跟我们说："古人还有一种读诗的方法，就是吟诵。哪天你们学习好了，我便带你们听。"我们都很高兴。

今天下午，老师把"面包机"带来了，哦耶！听吟诵喽。可薛老师蹲在"面包机"旁，摆弄了好长时间都没放出来。老师说："怎么了，在我那放得还好好的，怎么一到这里就不行了呢？"看来是机器坏了，于是叫李自成再去拿一个"面包机"。哇，老师有多少个"面包机"啊！在这期间老师叫我们再读一遍《日有所诵》。

这台"面包机"挺听话的，不像刚才那台那么害羞，不敢唱。这就开始放了，不时有"嗞嗞"的声音。是高岩松第一个听出来的："是《［越调］天净沙·秋思》！"这时，我也听出来了："枯藤老树昏鸦，小桥流水人家，古道西风瘦马。夕阳西下，断肠人在天涯。”读得很好玩：“古道——西风瘦马——”总是爱拖音。老师说：“这种光碟没有卖，是信息老师帮助刻出CD的。”

怎么样，羡慕我们有薛老师吧。要是每天都有读书课的话，那该有多好呀！（鲍秉轩，9月23日）

二

薛老师从来不唱歌，因为她认为自己的嗓子不好听。可是薛老师和我们说，上个星期，她在南京讲学时，竟然吟诵了一首古诗。老师说完，我们都感觉很惊奇——从不唱歌的薛老师，竟然开口唱歌了！我很奇怪，当时为什么没人提议让薛老师再唱一遍？可能是我们没那个福气吧。

薛老师经常给我们听吟诵。印象最深的是《五柳先生传》和《静夜思》。“先生不知何许人也，亦不详其姓字……”《五柳先生传》中前几句话我已经烂熟于心了，似乎已经会唱了，另一首《静夜思》也是一样，吟诵时，“月”的读音非常滑稽，一下使我记住了。

“我刻录了十张CD，准备送给十位同学，这些同学必须达到三个要求：要热爱吟诵，家里要有能放CD

的机子，要学唱吟诵。”前两个要求我都能达到，可第三个就是不行。全班有十几个同学举了手，我只好没举手。老师选了十个同学，过几天把 CD 给他们，而没有拿到 CD 的同学，只能借同学的去农贸市场刻录。

多多热爱吟诵，多多热爱古诗！（胡婧怡，10月25日）

三

今天上午的语文课，薛老师看了小胡的日记（即胡婧怡上一篇），忽然有了一个“重大”想法，决定要在课堂上一展歌喉。薛老师先用“面包机”给我们听了一遍《蒹葭》，我们听完后，薛老师清了清嗓子，开始唱：“蒹葭苍苍，白露为霜。所谓伊人，在水一方。”我们也跟着唱，先是轻声唱，然后声音越来越大，所有的同学都在唱：“蒹葭萋萋，白露未晞。所谓伊人，在水之湄……”我们只唱了一点，当我们停下时，李旭冉还在大唱：“蒹葭采采！”薛老师便把他拉起来，让他再接着唱。李旭冉唱得那叫一个陶醉！同学们都笑疯了，拍桌子的，大笑的，更有人在跟着一起唱！哈哈！（马静婷，10月30日）

四

下午我和妈妈、姐姐听了半个多小时的吟诵。

这个光盘除了我和姐姐，还有19个同学得到。终于可以享受一下吟诵的美妙感觉了。《论语》吟诵完，是一首很长的《前赤壁赋》，我们跳过了，因为太长了，以后找到这首诗再听。《五柳先生传》开始了，我们把《日有所诵》拿来给妈妈看，不然妈妈根本不知道在吟什么。到了李清照的《如梦令》，只听低沉的男声吟出这首十分梦幻、轻盈、美妙的词，让人觉得这是在思念家乡。后面是一些十分熟悉的短诗，还有一则寓言，不知不觉，这么多首词就听完了。

我觉得琴歌《古诗十九首》最好听，虽然长，但真的很美，我一定要学好它。姐姐（方子裕）觉得《如梦令》好听，她还吹自己最最爱李清照的词，她要学《如梦令》，我们就看她是不是只说不做。

如果让我单独唱歌，我不怕，可单独吟诵，我会怕死了！薛老师敢一个人吟诵，可我不是薛老师。如果吟诵会让我们几个人一组上台，那我们胆小的同学，可会十分感谢老师的。（方子妍，10月31日）

11月9日 / 星期一 阴雨

诵读公开课

今天上午的诵读课是公开课。这节公开课是看云主动要求上的。

目的在于：激励学生，向全校同事展示朗读、诵读成果，与小语同行交流《全阅读》《日有所诵》使用心得。以下是教学设计。

一、交流《西雅图宣言》的朗读体会

1. 学生选择喜欢的段落朗读。

2. 全班齐读三段：

风，迎着我祖父出生时的第一口气，也送走他最后一声的叹息。若卖地给你，务请将它划为圣地，使白人也能随着风尝到牧草地上飘逸的花香。

务请教导你的子女，让他们知道，脚下的土地，埋着我们祖先的骨骸；教你子弟尊崇大地，告诉他们，大地因我们亲族的生命而得滋润；告诉他们，红人怎样教导子女，大地是我们的母亲，大地的命运，就是人类的命运，人若唾弃大地，就是唾弃自己。

我们确知一事，大地并不属于人；人，属于大地，万物相互效力。也许，你我都是兄弟。等着看，也许，有一天白人会发现：他们所信的上帝，与我们所信的神，是同一位神。

二、背诵展示

1. 教师："丛林在哪里？没了！大老鹰在哪里？不见了！生命已到了尽头，是偷生的开始。"

是啊，"大地是我们的母亲，大地的命运，就是人类的命运"。看看窗外，正当秋高气爽的时节，我们却连日被浑浊的空气所包围。这不由得让我们怀念曾经清洁美好的那个世界："风烟俱净，天山共色，从流飘荡，任意东西——"

2. 学生接背《与朱元思书》。

三、检查上周背诵情况

1. 复习《卜算子·驿外断桥边》《［正宫］塞鸿秋·浔阳即景》《陋室铭》。

2. 请主动举手者背诵。

四、朗读《岳阳楼记（节选）》

1. 教师：还记得初学《报任安书（节选）》的情形吗？那时候，老师可是一句一句教读的！后来，正如你们所说的，“熟能生巧”！一周接一周，一篇连一篇，到《陋室铭》，你们不必范读，径直自己读、自己背了！《岳阳楼记》篇幅较长，上周三，我们已经初读两遍。今天我们再读。

2. 学生范读，齐读。需要处正音，解释。

五、宣说“不求甚解”的意义

1. 教师：《岳阳楼记》是千古名篇。《岳阳楼记》的全文今后你们将在中学学到。今天的诵读无关考试，毫无压力；今天的诵读不求甚解，朦胧欢喜。这种无关考试、毫无压力的不求甚解、朦胧欢喜，就是真正的熏习和浸润。好读书，不求甚解；好背书，不求甚解。对于真正的读书人而言，这是多么幸福的事情！“好读书，不求甚解。每有会意，便欣然忘食。”这话是谁说的？对，陶渊明，五柳先生！听听！他是多么怡然自得啊！在今天，已经极少有人有此福气了呵！

2. 听吟诵《五柳先生传》。

六、关于吟诵的宣说

1. 教师：今年夏天，老师最大的收获就是在浙江宁波接触到了吟诵，认识了中央民族大学的徐健顺教授。和徐教授一样，自从迷上了吟诵，大脑里整天回响的都是吟诵的声音。（学唱琴歌）“行行重行行，与君生别离。”整整两个星期，只要听到“胡马依北风，越鸟巢南枝”，就会立刻想起生命中曾经经历的牵肠挂肚、朝思暮想，就会立刻潸然泪下。课堂上，老师只顾带你们欣赏、学吟。只要喜欢就行！老师一点都不在意你们懂得多少。在这充满焦虑与喧嚣的日子里，诗歌、音乐、吟诵，还有图画书，如涓涓清泉，为我们带来优雅、清凉和静谧。于是我们的气质，我们的班风也慢慢有些不一样了！请问：如果登泰山，你愿意坐缆车还是自己爬？对，一定是自己爬。音乐、诗歌、图书、吟诵，就是温情脉脉的山间小道——引我们慢慢攀登，慢慢欣赏；让我们一路听见鸟的鸣唱，嗅到花的芬芳。来！让我们上路，让我们听——

2.播放琴歌《古诗十九首·行行重行行》，吟唱练习《蒹葭》，并学吟。

11月11日 / 星期三 阴雨

关于诵读课的几点印象

从六（2）班听完课已经两天了，仍然沉浸在学生诵读带来的悠悠古韵中，久久不能自拔！现将几点印象总结如下。

一、齐声背诵《与朱元思书》时，学生神情陶醉，语调洋洋洒洒。可见古文带给孩子的快乐和润泽多么实在。这跟以往在中学听课看到的状态完全不同。在中学，学生是在用脑努力地学，一字一句地学。在这里，古文却是一个亲切温暖的生命整体，学生的心与古人的心是一体的。学生好像整个儿浸泡在古文中一样，如鱼得水。面对听课的同行和领导，教师说到“不求甚解”的好处和变功利阅读为人文阅读的必要性，其实最能说明这两点的，就是学生的诵读。

二、朗读《岳阳楼记》的时候，明明注了音的“樯”字，有个女生却总是出错，同学都替她着急，教师却耐心地等学生自己找到正确的读音，慢慢从紧张中恢复过来，渐渐越读越好。之后，教师带领全班三读“樯倾楫摧”。既尊重学生，又不放过应当正音的地方，分寸把握得不错。

三、为激发学生背诵的热情，教师讲了两个小故事：哲学教授陈家琪因为背诵《岳阳楼记》终身爱上文科，孤身漂泊的留学生用背诵《岳阳楼记》的办法为自己寻找到志趣相投的同胞挚友。这两个故事在办公室都听过，很感人，今天教师却讲得蜻蜓点水，学生一定没听明白。可惜！不如抓住一个故事说透。出于同一目的，相比之下还是教师充满激情的背诵更有效。这种方法直接有力，让听课人都有了背诵的冲动。

四、每当诵读的时候，所有学生的坐姿都那么端庄挺拔，配合着琅琅书声，让人感觉朝气蓬勃。看得出来，这不是抓纪律刻意训练的结果，而是诵读培养气质的具体表现。

五、每当读到“把酒临风，其喜洋洋者矣”，学生就会笑起来。教师说：“你们一定是想到《喜羊羊和灰太狼》了！”学生会意地再笑。教师顺势推荐六年级应该看的“有营养的动画片”，比如中日合拍的《三国演义》。这说明教师了解学生兴趣。从“喜羊羊”说到《三国演义》，是即兴的分享，也是不露痕迹的引导。

六、这个班的学生在同学背诵、朗读之后，不管好不好都会送出热情的掌声，甚至听CD机播放的吟诵也是如此。如今在中高年级已经鲜有掌声了，在这种情况下，课堂上的掌声，让人倍感温暖，值得提倡。

七、有趣的是，教师播放吟诵光盘的时候，原本坐姿笔直的学生，立刻齐刷刷进入放松状态。他们大多趴在桌子上，有的闭目养神似的凝听，有的边听边看《五柳先生传》，有的摇头晃脑打拍子。学生怡然自得的状态与平和悠闲的吟诵调子十分和谐。看得出来，这是长期熏陶的结果。一堂课里，学生活动起伏有致，有张有弛，本身就像一首乐曲。这群幸福的孩子！

八、听完《五柳先生传》，教师播放琴歌《行行重行行》，这时，教室里响起幽深清远的古琴声、沧桑低沉的吟唱声、学生摸索的学吟声，仿佛让人回到遥远的古代。这些完全陶醉了的学生，带着我们穿越时空，在吟诵中与先人同悲同欣。这时候，诵读的内涵已经超越文字，而经典，也不光是诗文，而是一种说不出的既深藏又流动，既新鲜又熟悉的气氛和调子。听完课已经很长时间了，仍然沉浸在学生诵读带来的悠悠古韵中。（李君华）

11月16日 / 星期一 ❄ 雪

暴雪·阅读·思念

过去两周，孩子接连感冒。最多的时候教室里竟有八九个空座。面对空座，老师的心好像缺了一块，空荡荡的。所幸现在好了——愿佛保佑！

苦寒。暴雪。记忆中的十一月，从来没有这样苦寒；记忆中的十一月，从来没有这样的暴雪。户外一片白，教室冷如冰窖。而雪，还在粒粒沙沙地无休无止地下。预报说：明后两天要上冻。为安全起见，全市中小学停课两天——正好潜心读书。

《阅读史》读完了，恭恭敬敬打开《中国文学发展史》。刘大杰先生的《中国文学发展史》，是恩师商友敬老师全本抄过的旷世杰作。为此，看云计划用一个月时间，恭敬透彻地补完这一课。这一个月中，我会写得少。电话、电视、走路、发呆……好多年晚上不阅读了。从今天起，从这本《中国文学发展史》起，从这场狂暴得令人肃然凛然的初雪起，看云恢复晚间阅读。一章一章地读，每章读两遍。所涉引诗引文，统统在唇舌滚两遍——喜欢的则要恭恭敬敬念四五遍。

2004 年 4 月，徐州“青年教师成长论坛”期间，我和商老师认识了。老人家一生坎坷，是个宁折不弯的刚强乐观之人。喜则呵呵笑，怒则拍案大骂“王八蛋”。音质极好，普通话极标准。可也有不标准的时候——“雪瑞萍啊”，先生总是这样唤我，满眼都是笑，样子慈祥极了，满满地透着偏爱。

当然是偏爱！商老师是我的恩师，无论做学问还是做老师，先生都是我的楷模。认识以来，先生屡次著文表达对看云的赞赏和鼓励，而看云作文却从未提起先生。好在先生是极豁达通脱的——“好好读书读好书，好好带孩子读书”——我以为，只要我照先生赞许和期待的那样做，就是对先生最好的敬爱和纪念。

“耿耿忠心，挚爱母语；铮铮铁骨，坚守讲台。”这是看云为商老师所撰挽联。2008 年春天，因为晚到上海一日，错过了先生最后的讲演《我有一个梦想》。先生去后，我常在网上聆听。

“好好读书读好书，好好带孩子读书”，祈愿自己不负先生的偏爱和期待。

11月25日 / 星期三 ☀ 晴

请信我言，请跟我来

各位爱孩子的家长：

这是我的讲稿，不知道属于我的讲话时间有多长，准备好的内容能不能按计划讲完。希望您回家后和孩子一起细读教师讲稿，并将感想写在孩子的日记本上，下周三教师一并阅读。先说期中测验。

95—99 分，5 人；

90—94 分，20 人；

80—89 分，26 人；

70—79 分，8 人；

60—69 分，2 人。

对于这样的成绩，教师比较满意。需要提请全班注意的有两点：第一，书写要工整；第二，读题要仔细。

成绩优异、进步明显的学生已在班上表彰奖励，多数同学都在日记中写下考后反思。总之，我们需要再接再厉。

一、《呼伦贝尔大草原》和《狼图腾》

听歌。《呼伦贝尔大草原》，孩子们爱极了！请静心，不要急，更不要以为老师又在摆噱头、整花样。佛陀说：娑婆世界，耳根最利。西方人说：决定一个人成为什么人的，是他看到的东西，更是他听到的声音。“聪明、聪明”，“聪”在前，“明”在后。多听好音乐，能够养成清明高贵的智性。世界多姿多彩，生活多么广阔！我们且放松，在音乐中调理呼吸，整顿心情。

（播放歌曲）演唱者德德玛——六（2）班的偶像。《呼伦贝尔大草原》，这是慢歌、天籁。日子太躁狂，心情太浑浊，不光是孩子，我们都需要这样的聆听、陶冶和浸润。清新而又质朴，深沉而又高贵。电子音乐的奔放与马头琴的凄怆完美结合，传达出草原特有的神奇、空灵和辽阔。曲美、词美——唯有蒙古族歌手才能拥有、才能唱出的炽烈而苍凉的情怀更美。只要留心，处处都有真语文。

教学《草原》的中间，听完《呼伦贝尔大草原》。教师说：“从前提到草原，老师想到骏马、牛羊和草地；如今再听这首歌，再学这一篇，老师想到的还有——”“还有狼！”他们说，因为他们在读《狼图腾》。一本难得的好书，如果孩子在您的陪伴下，读完这本奇书，一定收获巨大。

分数是学生的命根，分数是教师的颜面。没有教师不想学生考试成绩好的。作为语文教师，既要单科成绩也要综合素质；既要目下分数，更要发展潜力。所以，在努力争取好成绩的同时，我们诵读、朗读、看图画书；我们吟诵（听吟诵《蒹葭》）、听乐、建立班级共用书库……课堂教学时间多么宝贵，教师恨不得把所有好东西都带进教室。

二、不管怎样，我也要

这是《思想的盛宴》，记下这个书名，孩子读大学之后绝对需要读它。（朗读）“在我看来，我认为死亡比活着要好。所以，我根本就不恨那些将我推向死亡的人。再见了，我走向死，大家走向生。但究竟谁更好，只有神知晓。”这段话是不是挺深奥？这段话出自《苏格拉底的申辩》。语文课上，教师给孩子读过，并且讲苏格拉底之死，讲什么是哲学。

“标准大试卷”期中测试题里有一篇题为《最优秀的人是谁》的短文，讲述的竟是苏格拉底病终前让助手寻找继承者的故事！于是教师把《思想的盛宴》带进教室，一是正误，二是为孩子播下哲学的种子。

这是《细说汉字》，又一本好书！希望班上最优秀的孩子将来能够读它。因为这本书，教师从这学期起，给孩子随文解字。

（板书，解“十”“我”）“我”，从这个字的甲骨文字形可以看出，“我”的本意是兵器！而且这是真理！

你想啊，当一群心中只有“我”的人聚在一起的时候，必定发生战争、冲突和悲剧。因为，他们手中都握着一个专门给别人和自己制造痛苦的凶器，凶器的名字叫作“我”！我们的先人多么智慧！作为中国人，我们怎能不爱自己的文化。作为语文教师，就是要千方百计激发孩子对祖国文化的热爱，对美好事物的热爱。

（继续展示《老鼠老鼠》《田忌赛马》《舜耕历山》）这些都是本学期在班上讲过的中国图画书。孩子们很喜欢。这种喜欢，其实就是心灵沐浴阳光的感觉，草树畅饮春雨的感觉。不管怎样，也要带着孩子多读书、读好书；不管怎样，也要把美好事物带进教室——这是我一向的信念。经历的事情越多，这个信念越坚定。

三、请信我言，请跟我来

请信我言，请跟我来。《日有所诵》和《全阅读》的背诵、朗读任务其实很轻，请你们好好签字，签真字。对于孩子来说，这是练口才、练背功、养悟性，更是培养意志力。

一个没有意志力的人，将来做什么都不成；一个没有意志力的孩子，必有缺乏意志力、责任感的父母。在我们班，有惯签假字的家长，更有和孩子一起阅读、朗读、背诵、写作的父母。同是爹娘，差距咋就这么大？

请信我言，请跟我来。课文朗读、背诵、默写，请好好签字，签真字。让老师有时间、有心情在课堂上做你们在家里无法做的事情。教书 25 年，眼睛虽然高度近视，但在识别学生、家长的勤懒优劣方面，教师早已炼成火眼金睛。你糊弄我当然很容易——因为我已放弃跟你较真。

请信我言，请跟我来。请关注孩子的阅读，请和孩子一起朗读、诵读和阅读。多多借阅，好借好还，让班级图书发挥最大作用。条件允许的，请满足孩子买书的需要。灵魂和身体一样，也会饥饿。阅读能力是学习能力，更是自我教育的能力。读好书，走正道。这是防止孩子被电子游戏、印刷垃圾、不良习气甚至危险朋友吞噬的可靠方法。

说到德德玛，我们师生最喜欢的是她用蒙古语唱的《辽阔的草原》。闭着眼睛静听，歌声能将四围墙壁、心中郁结彻底穿透、融化；歌声能带你乘骏马飞驰在无边的草原。顶上蓝天白云，胸中万丈豪气！真有说不出的干净、开阔和爽朗，但又绝不缺乏温柔。条件允许的，不妨为孩子买一个 CD 机，让孩子尽情地欣赏音乐、学习吟诵。你得有意培养孩子对健康美好事物的爱好。不然，精神空虚羸弱的人怎能抵挡不良事物的诱惑？

本周《全阅读》主题为“体育颂”，教师特意布置孩子朗读三遍；上午读书课，教师特意请方子妍朗读日记《体育很重要》。为什么？健康第一，体育真的很重要！让我在一个“体育故事”中结束今天的讲话。

《纪昌学射箭》一文中纪昌成功了，因为他有恒心，也因为他对老师飞卫的教诲坚信不疑。一个对老师不信不敬的学生，幼小的童心终年挣扎在分裂、抗拒的煎熬之中，比一个嫁了不爱的丈夫的女人还痛苦！而孩子的不信不敬，往往是受了父母有意无意的影响。所以，为了您的孩子，请信我言，请跟我来。

谢谢大家！

11月30日 / 星期一 晴

从《海瑞惩霸》到《万历十五年》

今天读《海瑞惩霸》。孩子大了，联系社会现实，对于满口“体恤民情”，实则贪暴荒淫的胡宗宪，六年级的他们一点都不觉得陌生、稀罕。

“哪里来的恶棍！竟敢假冒总督家里的人，败坏总督的名声！上次总督来巡查时，再三嘱咐，叫地方上不要铺张浪费招待过往的官员，务必节省驿费，要属下做一个体恤民情的好官。而你这个花花公子，来到这里无恶不作，欺压百姓，吊打驿吏，分明是坏人假冒胡公子之名来行骗的，必须依法严惩！”

这段话真解气！

接着我们看到：众衙役按倒胡公子一顿痛打，胡宗宪读罢信件万般沮丧——在信中，海瑞引用了顶头上司“节约驿费，体恤民情”的谆谆教诲，表示这次办案正是遵照胡总督的指示进行的。现在，属下连人带信一起交给总督，但看领导怎么处治——孩子们笑了，既钦佩又畅快。

该读图了。只有十幅，这于细品十分相宜。图画少，故事简单，是《幼学启蒙丛书》的特点。“故事短好啊，我就喜欢它的短！正适合在课堂上讲。太长了我还嫌费时间呢，语文课时好紧张！”九月初，太湖边，无锡育红小学方芳老师如是说。看云不禁莞尔！

“告诉我，《海瑞惩霸》最主要的颜色是什么？”

“红色！”“海瑞的官服是红色的！”“书名，封面上的字也是！”

举书，再开卷，一页一页翻。“仔细看，还有哪些地方有这种红色？”

“被抢民女的衣服。”“被吊打驿吏的腰带。”“衙役的帽子、腰带。”“还有衙役腰刀上的穗子。”“呀，信封也是大红的！”

“呵呵，再看——画家在胡氏父子及其同伙身上用了什么颜色？”

“灰色，黑色，黄色，模模糊糊的粉红。”“给人的感觉很暗，很脏。”

“但是，请看这里，”教师指着第五幅，“看见没有？”

“哦！绳子！捆绑胡公子的绳子也是红色的。”全班兴奋起来。

“红色代表了善良和正义！”“红色表示海瑞和百姓心连心！”几个男生喊——好像发现了新大陆。

初看《海瑞惩霸》，印象深刻的正是这或浓或淡的朱红。它大团大幅地浸润在海瑞的官袍上，缕缕片片地散布点缀在吏民中间。这是色彩的呼应，更是情感的联结。而书名页上的海瑞，正是第六幅拍案而起、厉声呵斥的那一个。应着海瑞的雷霆之怒，一团红色飞扬、汹涌，遒劲而澎湃，似烈焰，如狂涛。于是，人物的刚烈和无畏得到酣畅淋漓的展示。

红是刚烈，红是深情；红色是恨，红色也是爱。第一幅，海瑞挺立堂前，红色如悬泉飞瀑，从千仞绝壁直落而下；末一幅，海瑞折身迎向跪谢的百姓，红色如整幅宽大的帷幕，为小民带来温暖和依靠。

“海瑞为什么这么厉害？”

“因为他不仅正直而且机智。”

“胡宗宪最后怕了海瑞。知道吗？在当时，不只贪官怕海瑞，连嘉靖皇帝都怕海瑞呢！你们别不信，这是真的。下午老师再读一段历史给你们听。”

下午。“《万历十五年》，一本好书，老师读过两遍。我先问你们，怕海瑞的皇帝是好还是坏？”

“坏！”

“再想想，皇帝耶，君叫臣死臣不得不死！可他居然怕海瑞！？”

“哦……”他们若有所悟。

打开《万历十五年》，翻到 142 页，朗读开始。

> 经过慎重的考虑，阳历 11 月，海瑞向嘉靖递上了著名的奏疏。奏疏中指出，他是一个虚荣、残忍、自私、多疑和愚蠢的君主，举凡官吏贪污、役重税多、宫廷的无限浪费和各地的盗匪滋炽，皇帝本人都应该直接负责。

学生听呆了，个个心弦绷得紧紧的。

> 有一天，狱中忽然设酒肴相待。海瑞以为这是临死前的最后一餐，他神色不变，饮食如常。提牢主事悄悄告诉他，皇帝业已升遐，新君不日即位，你老先生乃是忠臣，一定会得到重用，海瑞听罢，立刻放声号哭；号哭之余，继以呕吐。

朗读到此结束。孩子们唏嘘不已。

上课。《给家乡孩子的信》，满纸说教，无力无味至极。87 岁老人哆哆嗦嗦抖成的唠叨，生生能把活蹦乱跳的孩子学得垂垂老矣。写信“这件事”确实感人，但“这封信”实在不该作为语文课文，进入思品教材还差不多。“什么文学家啊！”有水准的孩子一定这样想。巴金真无辜。

“图画书的价值首先在于图画。学会赏图能提升我们的艺术修养和审美能力。”教师总是这样说。其实教师知道，自己对于图画的解读其实还是文学性质的解读。真正能够提高艺术修养和审美能力的读图指导，还有待于专业人士。

好在我们正行在路上。

且看环衬：底板为浅米色，灰色的白虎仿佛青铜铸就。威武沉静，雄浑大气。因为于鹏的启发，现在我知道了：这种素净沉稳正与内页的火爆热闹形成微妙平衡。而这，正是中庸之道的体现。

白虎是军队或战神的象征。在中华文化中，白虎具有辟邪、禳灾、祈丰及惩恶扬善的神力。所以淳安县衙大堂上画有白虎，所以《包拯断牛》的环衬中也有白虎。

附中央美院于鹏对十幅图的解读（节选）：

段谷风先生，江苏徐州人。他笔下的海瑞秀丽挺拔，气质非凡；他手中的笔涂染之处，浓处情绪饱满，淡处意味悠远。用笔准确，从不浪费一处墨迹。在他的创作中，潜力探索简笔写意的人物画风格，运用视觉形式规律，内涵深邃。

第一幅画：海瑞站立在画面当中，是如此的高大。画家有意地放大了人物身体的比例，使整个身体看上去有一种延展感；大面积红色的使用，将视觉重心放在海瑞的身上。背景的处理则笔墨清淡、简练，古色古香。

第二幅画中，画家运用笔墨的深浅变化，营造出空间感觉。前景的人物颜色重，而后景的人物颜色浅，这样所产生的视觉延伸感，效果非常好。

第三幅画里，笔墨的运用挥洒自如，在水和墨之间，自由变换。人物造型鲜活生动。接下来的第四张和第五张，这两幅是人物的动态造型。画中人物一举手、一投足，都如此的惟妙惟肖，表情配合动作，准确无误。

…………

第九幅画：画中的人物胡宗宪瘫坐在椅子上，手里的信飘落着。我们看到画中的一切，节俭到连一笔多余之处都没有的地步。这样的简单，绝不等于简约，只有天赋再加上不断地练习，才能有如此的效果。

第十幅画：在结束的这一张里，气氛达到了高点。

人物多、场面大，这难不倒画家。他将海瑞放到左侧，整个人群放到右侧。海瑞身上的红色，很好地平衡了画面的重量，将人的视点吸引到他的身上。右侧人群中小女孩身上的红色，起到平衡色彩的作用。

12月 December 了不起的妈妈们

12月7日 / 星期一 阴

别把孩子交给怪老头

夜晚是温馨的，也可以是恐怖的。黑暗中，所有条状或近似条状的阴影都是怪老头的臂膀和爪子；所有方圆或近似方圆的阴影都是怪老头的胴体和头颅！

举目四望，到处都有怪老头；凝神谛听，时刻可能被抓走。杯弓蛇影，草木皆怪——小男孩好可怜！

男孩爱母亲。因为爱，所以信；因为信，所以怕——

怪老头是非常可怕的。

他专门抓一些淘气的小宝宝，抓过去之后就狠狠教训一下。

对哭的宝宝呢，就把他的嘴巴紧紧缝起来，

对耍赖的宝宝呢，就把他关在鸟笼里，

而对晚上一直都不肯睡觉的宝宝呢，就让他变成可怕的猫头鹰。

怪老头把这世上的所有坏宝宝都抓过去，

把他们训练成听话的乖宝宝之后再送回去。

这些都是妈妈告诉我的。

我真的很怕怪老头。

怪老头的故事令人惊悚。对小孩来说，更可怕的，是母亲声称要让怪老头抓走自己：

“你，老是说谎的话我让怪老头把你给抓走啊。”

“如果再不好好吃饭的话我让怪老头把你给抓走啊！”

母亲暴跳如雷了，人在黔驴技穷的时候都这样。请注意母亲咆哮时变大了的字体——声嘶力竭嘛。然而孩子是怎么想的？

妈妈什么都不知道还说我是说谎的孩子。

我真的没有打碎花瓶。

哼！我都看见过很多次妈妈说谎的呢。

不过，我还是很怕怪老头。

妈妈可能不知道好多东西都是比饭好吃的。

我都有100次见过妈妈不吃饭的时候呢。

不过，我还是很怕怪老头。

首先是不服，其次是害怕。于是战争继续。第三次冲突发生在晚九点。“三”是神奇的。什么事情到了第三次，就会发生转折，不是转向好的一面，就是转向坏的一面。果然，当母亲第三次搬出“怪老头”的时候，不服升级为气愤和厌恶，孩子顶撞、爆发了。这时候的大字意味着孩子忍无可忍。

我开始有一点点生气了。

“我讨厌妈妈！”

九点钟，孩子真的应该睡觉了——不管他玩没玩够。然而，愤怒的孩子即便睡着了，也不能得到休息。愤怒和恐惧必定带来噩梦。

我来抓你啦！

妈妈！

请注意这最大的字体。“我来抓你啦！”怪老头真的来了！日有所思，夜有所梦。当怪老头真的到来，深藏的爱与依赖瞬间爆发，孩子拼了命地失声呼唤——“妈妈！”

出人意料，原来被抓的是妈妈。原来孩子呼唤的意思是不愿失去妈妈！这是典型的爱恨交加：首先，妈妈该抓，因为妈妈说谎、不好好吃饭、到了九点钟不睡觉；其次，孩子要救回妈妈，而这不需要理由！噩梦中，倔强的男孩哭了。那么脆弱，那么深情。泪流满面，男孩向母亲伸出臂膀——勇敢的臂膀，祈求的臂膀——为的是从怪老头那里夺回妈妈，为的是请求妈妈不要把自己推向噩梦，交给怪老头。

“宝宝，怎么了？”

“宝宝！”整本书的第一次，妈妈这样称呼孩子。显然，她被孩子的惊呼吓到了。惊吓唤醒了母性的温柔，而孩子的梦境，必定激起了妈妈的惭愧与感动。于是母子温情相拥，于是男孩再也不怕怪老头了。

然而问题没有解决。有可能从这以后，男孩变得更加不守规矩。怎么办？

诚实、礼貌和健康、规律的生活方式，是儿童健康成长的必需，也是人生幸福的基石。

儿童需要约束，正如司机需要交通规则，花树需要阳光雨露。

管教是必需的。放任就是放弃。

若要教好孩子，父母必须做到三条：第一，以身作则。不要自己长着长鼻子，却训斥孩子撒谎。第二，建立家规。如有违反，定要惩戒。第三，体察孩子感受，倾听孩子心声。比如解释大人为什么可以晚睡，而孩子必须按时上床。

三条之中，第一条最重要。这样做的目的在于：帮助孩子战胜无意识的欲望，成为自己行动、情绪及生活的主人。

晚上他会害怕，醒来他又忘记。怪老头的“教育”效果，只能跟怪老头本身一样子虚乌有。类似的恐吓还有“不要你了”“把你丢到街上去”。不要拿不存在的东西吓唬孩子，不要拿自己的威信开玩笑。

做温暖有力的强者，满足孩子对爱与约束的需要——让孩子和你一样有德、有力、可信、可敬。

12月14日 / 星期一 雨

莫说教师痴，更有痴似教师者

教到六年级，忽然顿悟，单元测验说取消就取消了。试卷当练习，做完集体订正，然后收上来检查，重点看作文。这次的习作题是“写身边一个令你感动或敬佩的普通人”。结果，需要重做的有43人，这令教师怒火中烧。

“不知名的清洁工，不知名的见义勇为者，可敬的人民警察，伟大的人民解放军，还有电视报道的拾金不昧者，还有汶川地震中的伟大母亲……不是远到十万八千里，就是满纸废话地抒虚情、发空论，要不就是胡编乱造！为什么会这样？张开眼睛看看，身边同学，熟悉亲友，难道就没有一个让你敬佩的人，没有一件令你感动的事吗？写出如此虚假低劣的东西，说明你们作文水平不行，更说明你们缺乏看见美的眼睛。这是很严重的！因为看不到光明和美好的人，不可能为世界带来光明和美好！”

劈头盖脸一通狂训，然后才开始诵读。读完第一首，“谁来背？”五六个人举手。

“王涛。”王涛应声站起。“采芳人杳，顿觉游情少。客里看春多草草，总被诗愁分了。去年燕子天涯，今年燕子谁家？三月休听夜雨，如今不是催花。”

“王涛，你们佩不佩服？”掌声后，教师旧话重提。

“佩服。”

“《清平乐》！我知道，你们中的很多人远比王涛背得熟。可你们就不举手！面对老师的期待，总是硬着心肠，板着小脸，稳坐钓鱼台，一副冷若冰霜的样子。王涛举手了，他是在勇敢地展示自己，更是在热情地回应老师，而最终获益的——是我们全班。老师也是凡人，老师需要呼应。没有学生的呼应，课堂全成独角戏了，老师早泄劲了。是的，王涛成绩不好，分数总在六十多，可他远比你们中的大多数有热情、有胆量，爱老师、爱班级！他是值得你们佩服的。朱翔宇！”教师话锋突转，“王涛作文合格，他写你如何帮助他学习的——《我的同座》，如果我让你也写，你有得写吗？”

“有！”朱翔宇朗声答道，其实朱翔宇挺热情的。

“你们呢？”教师转问全班。

“有！”

接着复习和检查。一通火发过，一向沉默的刘月辰举手了：“西湖烟水茫茫，百顷风潭，十里荷香。宜雨宜晴，宜西施淡抹浓妆。尾尾相衔画舫，尽欢声无日不笙簧。春暖花香，岁稔时康。真乃上有天堂，下有苏杭。”这是《［双调］折桂令·咏西湖》，清新欢快的元代散曲，令教室气氛变得轻松。

“短文谁来背？其实只是一、三两段。”齐读《观潮》毕，教师问。

若干孩子举手，其中就有刘月辰的同座施俊瑞。黑黑的孩子站起来，瓮声瓮气地背：“浙江之潮，天下之伟观也。自既望以至十八日为盛。方其远出海门，仅如银线；既而渐近，则玉城雪岭际天而来，大声如雷霆，震撼激射，吞天沃日，势极雄豪。杨诚斋诗云‘海涌银为郭，江横玉系腰’者是也。”

站着的大声背，坐着的小声背。一波才动万波随，和谐而有气势；既浩浩荡荡，又融融迤迤，如高音引领着的多声部合唱。

“每岁京尹出浙江亭教阅水军，艨艟数百，分列两岸……”一段结束，施俊瑞忽然撇下众人昂首而诵第二段。所有人面面相觑，表情初而惊，继而敬，等施俊瑞背完第二段，才又欣欣然跟进：“吴儿善泅者数百，皆披发文身，手持十幅大彩旗，争先鼓勇，溯迎而上，出没于鲸波万仞中，腾身百变，而旗尾略不沾湿，以此夸能。”众人停，施俊瑞接着背完第四段。掌声如雷，持续而热烈。

“佩不佩服？”

“太佩服了！”

又一次旧话重提。然而这一次，教师多么高兴，学生多么高兴！这孩子瓮瓮的，说话还爱拖腔，教师平时不大叫他读诵，可今天为什么偏偏点他呢？我佛慈悲，这是佛陀有意要救看云于无明啊！

“怎么回事？我只要求背一、三两段啊。”

“嗯，是我妈妈。我妈妈她说，古文就要全篇背。”

崇祯五年十二月，余住西湖。大雪三日，湖中人鸟声俱绝。

是日更定矣，余拏一小舟，拥毳衣炉火，独往湖心亭看雪。雾凇沆砀，天与云、与山、与水，上下一白。湖上影子，惟长堤一痕，湖心亭一点，与余舟一芥，舟中人两三粒而已。

到亭上，有两人铺毡对坐，一童子烧酒，炉正沸。见余大喜，曰：“湖中焉得更有此人！”拉余同饮。余强饮三大白而别。问其姓氏，是金陵人，客此。

及下船，舟子喃喃曰：“莫说相公痴，更有痴似相公者。”（张岱《湖心亭看雪》）

"呵呵。"全班都笑了，在结尾的地方。大有拥炉看雪、笑谈对饮的风雅与酣畅。

"施俊瑞，谢谢你的妈妈。太感人，太鼓舞人心了！关于日有所诵，一直以为我最痴迷，今天我才知道——莫说教师痴，更有痴似教师者。"

"呵呵。"满场会意的欢笑中，施俊瑞黑黑的脸红了。

大约在二年级吧，一次家长会后，施俊瑞母亲关掉了生意兴隆的集镇小店，回到家门口打零工。"老师，我只有这一个儿子，他爸爸已经成天在外做活，我不能为了开店荒废了孩子。教育是一个家庭最大的事业，孩子学坏了，挣多少钱都没有意思，发多大财都不够他败。"小店关张之后，这位农村妇女还特意写信向教师表示感谢。为什么只有她要求孩子全文背诵？因为她对儿子爱得深沉。为什么性格倔强的儿子愿意听她的？因为孩子深知自己的幸福。

元丰六年十月十二日夜，解衣欲睡，月色入户，欣然起行。念无与为乐者，遂至承天寺寻张怀民。怀民亦未寝，相与步于中庭。庭下如积水空明，水中藻、荇交横，盖竹柏影也。何夜无月？何处无竹柏？但少闲人

如吾两人者耳。（苏轼《记承天寺夜游》）

忽有所悟：这世上没有一样美好的事物或情怀是孤独的。有苏轼必有张怀民，有张岱必有金陵客人——有痴迷的看云，必有更痴的学生母亲。最好的东西不会独自来，它必吸引了同类一起来。

承天寺步月只有两人，湖心亭看雪只有两人。唯其少，才珍稀。能有两人足矣！即便一人，也大可以如张孝祥似的“悠然心会”“叩舷独啸”。即便“玉鉴琼田三万顷，着我扁舟一叶”，你也不能说张孝祥是孤独的。否则，如何解释看云对于“洞庭青草”的爱到骨髓？

想起在一所私立小学看到的课堂：孩子都木木的，生气黯然，灵性几无。他们乖乖地坐在那里，于沉闷的静默或被指令的朗读中，散发出深浓难掩的沮丧和哀伤。

他们当然应该沮丧和哀伤！因为生意太忙，父母没有时间与他们牵手，共同走过童年阶段最重要、最艰难的成长之路。

这些可怜的孩子，一年级就开始寄宿了，只有周末才回家。而那种所谓团聚，已经丧失了正常家庭该有的亲切与自然。

更可怕的是，这种树苗不接地气的沮丧和哀伤，是孩子自己意识不到的。

成年之后的人格变态和精神疾病，大多源于童年时代的亲情匮乏。在这物欲横流的时代，利欲和利欲合谋，泯灭了父爱和母性，制造出小学寄宿这种冷酷畸形的社会需要，生生将孩子变成病人。

我知道这样的结尾不合题目，所以这样写，是希望这世上能够少一个可怜的弃儿——教育学意义上的弃儿。

12月16日 / 星期三 阴

龙的呼唤和提醒

挂起小黑板：“这里有九个男孩儿，来自同一辉煌古老的家族，都是亲兄弟，你们试着叫出他们的名字。”

“赑（bì）……屃（xì），螭（chī）吻，蒲牢，狴（bì）……犴（àn），饕餮（tāo tiè）……”靠了注音的帮助，学生小心翼翼地念着，有越来越浓的兴奋在生成，“蚣蝮（bà xià），睚（yá）……眦（zì），狻猊（suān ní）——呵呵，蒜泥！椒图。”

“龙生九子！老师你要讲《龙生九子》！”一两个买了《幼学启蒙丛书》的孩子叫起来。

“是的，这就是龙的九个儿子。赑屃赑屃赑屃，就这样每位连喊三遍。来！让我们将他们唤醒，让我们将他们请进教室！”

“赑屃赑屃赑屃！螭吻螭吻螭吻！蒲牢蒲牢蒲牢！狴犴狴犴狴犴！”整齐有节奏的呼唤响起。

随着呼唤，教室里的气氛越发变得温暖且充满活力，有如健壮生命的呼吸与循环。其间对流涌动着的热切与肃然、凝聚与膨胀，令人莫名震撼，莫名感动。

“母语深深根植于儿童的整个构造中，特别是在呼吸和循环体系中。”鲁道夫·斯坦纳如是说。一瞬间，教师相信：这些名字，其实就潜伏在我们血液的记忆之中；这种呼唤，不过是无数轮回里反复认取的重演！

看过封面和环衬，开始朗读了。每读完一位龙子，下面就是一阵恍然大悟的“哦！”。翻页的中间，教师数次停下来参加他们的交流与回味。“赑屃多么勤勉啊，简直是任劳任怨的老黄牛。”“想想看，我们身边有没有饕餮的影子？中国可是盛产饕餮的国度。”“黑虎泉其实应该叫作——对，蚣蝮泉。”

> “龙生九子不成龙”，所以，很少有人认识他们，甚至把他们都当成别的什么动物哩！

笑声中，朗读结束，魏鹏回座。

接着翻页，“这是什么？”

“环衬。”

“看得清吗？”

“从来没有看清过！”

“呵呵，要的就是这种朦胧美、神秘感啊，否则你们怎么知道什么叫作神龙见首不见尾！知道老师为什么特别喜欢这一本吗？就因为它特别含蓄雄浑，特别适宜细品。瞧啊，九子并排，他们已经是我们的朋友了。试一试，说出他们的名字和特征。”

“老大赑屃，驮碑龟；老二螭吻，房脊上的张口兽；老三蒲牢，铸在钟钮上，钟声变得更悠长；老四狴犴看守监狱；老五饕餮抱鼎吃喝；老六趴蝮爱戏水，样子很像大老虎；”学生边忆边说，眼睛看着小黑板，“老七睚眦杀气腾腾……”

“不，是老九！”第一排的孩子大声喊，他是看着图的。大家随即更正——官府大门的红色提醒他们犯了想当然的错误。

“呵呵！没想到吧，画家也有顽皮的时候。最后三幅图分别是老九、老八和老七！”

“老九椒图衔门环，老八狻猊爱听经，老七睚眦有杀气。”他们终于将目光投向环衬——纯正的深黑的底板上，九幅方正的龙子图迤逦而下，形成一条微亮的潜龙。是的，他们看不清镂刻的线条，但那微妙变化、和谐流动着的色调，正如一道浮游翕动于漫漫长夜的神秘之光，给人带来无限的遐想，以及难以言表的温馨、妥帖与深邃。

“一个问题：这本书上的龙，都是有些朦胧昏暗的，和我们平时看到的张牙舞爪、金光闪烁的龙大不相同——这是为什么？你们觉得哪一种龙更真实？”

“今天的龙更真实，”晏楚芸说，她是买了书的，“龙能隐能现，而且隐的时候多，现的时候少。真正的龙，是不会耀武扬威的；真正的龙，一定都比较谦虚，比较低调；真正的龙，需要我们仔细观察才能认出来。”

“说得真好！”教师得遇知音，大喜过望。

> 这篇故事插图的画风，有着更多原始绘画的象征意味和隐喻，色彩深沉雄厚。画家将玻璃版画的印制技法与镂刻技法巧妙地融为一体，在斑斓的底图上，“刻”画出瘦劲、刚健、流畅的线条，既有中国传统绘画中的线描神韵，又具金石镂刻之美。所彰显的绘画效果，很有中国古代青铜器纹饰的神韵，呈现着古老中国的庄重肃穆气魄。（《龙生九子》导读）

本书吸引教师的，正是这奇异的画风。如果用声音作比，常见的龙，是喧天的锣鼓、震耳的雷鸣；这里的龙，则是幽深的洞箫、低回的埙。它若有若无，似隐还现，既悠然自得又若有所待——如今，无处不在的强光污染已经让萤火虫濒临灭绝了；将来，还有多少人能于幽暗中看见迷人的光亮，于宁静中听见动魄的音乐？我庆幸自己能够看见和听见。

“九子之中你最喜欢谁？愿意做谁？”

下课铃响了。教师抛下一问，扬长而去——听得身后一片沸腾：“我喜欢狻猊！”“我喜欢饕餮！”“赑屃赑屃赑屃！我喜欢赑屃！”“虮蝮虮蝮虮蝮，请叫我虮蝮！”

又及：

这两年来，越来越着迷于民间故事。这里有母语的根，这里沉积着民族精神和人性的矿藏。

龙是真人，龙性其实就是超越善恶、健康完满的人性：勇于进攻（睚眦），精于防守（椒图）；勤勉地劳作（赑屃），沉酣地幻想（螭吻）；以威猛面对邪恶（狴犴），以虔静恭听大道（狻猊）；贪恋熟食的美味（饕餮），活力充沛；汲取清流的灵气（虮蝮），心智明净。当然，真人也有脆弱敏感的一面（蒲牢）——而正是这一点脆弱敏感，使艺术成为可能。

“龙生九子不成龙”，其寓意至少有二。其一，随着时代的加速变化——我不认为这一定是进步，因为这种变化完全是被人类集体无意识推动发生的——曾经圆融完整的人类精神必将分裂甚至崩溃。其二，个体生命都是不完善的，但这种不完善乃是通往完善（或回到完善）的起点和条件。人类奋斗的目标不在外部，而在自身。活着的意义不在获取财富和权势，而在拥有丰富完满的生命体验。从这个意义上说，所谓“龙的传人”也许应当倒过来解释：我们从来没有成为龙。龙是一个指向未来的古老梦想——龙提醒我们记得要去的地方。

12月20日 / 星期日 晴

所教即所是

寒风凛冽、阳光灿烂的冬晨，穿过操场走进学校的一路，心情愉悦而晴朗。

这种感觉来自天气，也来自刚刚读完的一本小书：《学校是一段旅程》。13万字，我用一周慢慢读完。

值得回味的地方很多，现选几处谈谈感想，一是为自己的阅读做个总结，二是向朋友做个推荐。

一、讲完之后，才开始理解

我总觉得没有足够的时间完成计划中的一切，总觉得自己缺乏诗人的灵感、绘画的专长、讲故事的本领和戏剧才能。尽管这些让我苦恼，但我还是得到了孩子们的回报——他们吸取了我给予的一切。我们在一年级做的大部分活动仿佛沉入潜伏着理解力的水塘深处，留待以后通过谈论和观察加以反馈。孩子们听课时，似乎能

把我的缺陷变得完善起来。对他们来说，由于他们出色的想象力，各种人物形象变得完整而真实。（第17—18页）

我一次次地发现，只有当我讲完故事，我才开始理解我所说词句的意义——圣人和传说中的人物形象活在我心中，激励我奋勇前进。教学的艺术化使我筋疲力尽，同时又让我精神焕发。在每次教学圆满结束之后，我总是注意到自己呼吸的变化：更深沉、更健康。（第31页）

我相信，每一个习惯了在教室里为孩子讲述、朗读的同行，都会对这两段话深深认同。

对我而言，每一次讲述或朗读都是面向未知领域的探险，也是借助伟大事物的鼓翼而飞。所以甘愿费尽心力，所以乐于耗尽热情，只因为个中感觉太好。虔敬于伟大事物的讲述或朗读，使得教师更加坚定也更加温软、灵动。

高贵的语言能够激活、培养高贵的思想和气质。当教师用声音将儿童、文本和自己融为一股生命之流，教师便与学生一起，实现了朝向伟大与纯真的成长或返回。

华德福的语文教学只有大纲而没有教材，学习内容由教师选择。在华德福学校，将学生一年的笔记合订起来，就是这个班的语文教材。亏鲁道夫·斯坦纳想得出！这真是充满诗意和挑战的——神奇的、生命的教育。

其实，当我们讲述、朗读、诵读时，我们也是华德福教师。为什么我的日志总忍不住要录用学生文字？因为它们更具说服力、生命感。

能够将日记发到网上的总是少数。即便学生一字不写，你也绝不能说付出没有价值。

二年级的一个傍晚，我在操场散步时遇到朱紫晖——一个内向到几乎木讷的老实孩子。

“老师好！”

“朱紫晖好！喜欢《犟龟》吗？”

“喜欢。”

“那就陪老师走一圈，讲给我听。”

“好！”孩子爽快地答应了。于是开始了磕磕巴巴且让教师愁肠百结的讲述。

“有一只小乌龟，嗯，她是母的。这是一位龟小姐，名字叫陶陶。嗯……狮子大王的婚礼开始了！陶陶送上礼物。陶陶喝着美酒。陶陶说：‘我说过的，总有一天，嗯，总有一天，我会按时到达。’……”一路走一路想一路讲，朱紫晖有些气喘吁吁了。

“你觉得自己讲得怎么样？”

“好啊！我觉得自己讲得很好！”男孩仰面看着教师，

月光照在他的脸上。一瞬间，有一股强烈的感动和惭愧漫过我的心头。

14日，也就是这个星期一，为帮助43个学生重写“我佩服的人”，教师讲到这件事。“知道吗？老师当时对朱紫晖真是佩服之极！为什么他有那样的回答？因为他既不拿自己和同学比，也不介意老师的看法；因为他的心里，只装着对陶陶的喜爱和对自己的信心。陶陶说：‘总有一天，我会按时到达。’朱紫晖说：‘好啊！我觉得自己讲得很好！’那个晚上，老师认出了身边的陶陶；那个晚上，朱紫晖就是犟龟！”

二、你可以强迫植物提前开花、结果，但是……

如果没有属于自己的幸福作为深层动力，华德福学校的主课教师很难坚持到底。这份神圣的工作需要广博的才学、非凡的耐心、卓越的智慧——同时又绝不缺乏学生及家长需要的权威的力量。芬瑟在华德福担任主课老师越久，越觉得自己没有信心和能力胜任传统学校的教学任务。芬瑟不能胜任的，不是工作本身，而是功课及考试给孩子和自己带来的伤害：

许多教育工作者仍然在把孩子们丰富的内在精神生活挤压成乏味、枯燥的功课，而这些功课正是由那些已经失去欢乐童年的成人们制造的。（第 31 页）

多年来，我观察到一种现象：八年来一直跟着我的学生，如果在开头三年允许他们慢慢地发展阅读能力，那么，到高年级时，绝大部分人能获得优异的成绩。而那些在传统学校较早就达到预期阅读水平的学生，在往后的日子里，其阅读动机似乎减弱了。以此类推，我联想到一个来自植物学的说法：你可以强迫植物提前开花、结果，却要牺牲植物的长期健康和生命力。我的首要责任是让孩子在我的关怀中成为一个人，而不是让他们参加爱荷华州每年一次的考试和评估。（第 38—39 页）

极少会有孩子因考试而得到快乐。考试给多数学生带来的是折磨、挫败和痛苦。总是名列前茅的，往往精神更紧张。一到三年级，是孩子求学之初的三年，也是孩子及父母最脆弱、最敏感的三年。一年级，很多孩子还没明白测验是怎么回事呢，就已稀里糊涂地成为差生，和父母一起堕入焦虑和恐惧的深渊了。

正如每个儿童生长发育的速度不同，每个学生都有自己的学习节奏。旨在让同龄儿童同期长牙、走路、说话的医学努力一定会让人们感到荒唐、残酷吧？然而，“标准测验”和随之而来的对教师、学生的粗暴评价却很少有人质疑——这真是一件令人惊讶的事情。

稳定而成熟的节奏，就是稳定而成熟的人格。尊重孩子的节奏，允许孩子尤其是小孩子慢慢来——慢慢跟上集体的节拍，这是一种慈悲，也是一种智慧。

然而在现实中，考试又是必须面对的。那么，到哪里去找一个自由空间，让孩子在其中听任自己的节奏，舒服地吸收、释放，甚至休息呢？

在看云这里，相对自由的空间，就在朗读、阅读和不求甚解的诵读里。言语层面的、显性的“对话”，总是发生在教师和相对固定的少数孩子中间，多数孩子的存在在哪里？就在灵动、温软的教室气氛里。

这气氛源于共同体，又无声地弥漫、净化、提升着共同体。气氛是海洋，气氛无声胜有声，而听得见的对话不过是海面上扬起的浪花。先有海洋，后有海浪。即便没有讨论，聆听或朗读时刻他们的表情和语调，也一样有力地告诉教师：影响正在发生，宝物已沉入池塘。

真实的成长总是缓慢而静谧的，不要急，不能急。

三、让学生与真实的个人相遇

> 与布鲁诺和哥白尼相遇之后，孩子们的内心发生了变化——不是通过我的教学，而是与这些真实个人的“相遇”……每当转来一位新生或者某位学生缺席，班上的气氛就会有些不同。我早就注意到全班由于多一人或少一人带来的变化，但这次的原因有些不同——传记以相同的方式在起作用！一旦我有了这种感觉，教室里好像立即充满了所有我们探讨过的“人物”。我是在七年级上到一半的时候，突然有了这种感悟。那时我和我的青春期学生们一样有了一种隔离感，而这一感悟给了我继续前行的力量。学生们可以不与我握手，或假装对我满不在乎。但现在我看到一幅巨画，里面有我们一起经历过的所有的人和地方。每当外面的场面难以忍受时，内心的这幅巨画可以呼之欲出，这两者相比，心中的场面作用更大。（第 156 页）

犟龟、毛毛兔、失落的一角、杰逊、罗拉、迪姆……这些人物，因其形象生动、个性鲜明，已经成为班级成员——他们呼之欲出，他们就在我们中间。

说到“真实的个人”，除了课文里的郑成功、钱学森、肖邦，还有《船长》中的哈尔威、《爱之链》中的乔伊、《鞋匠的儿子》中的林肯。相比于经典儿童文学作品中的艺术形象，“教材人物”的真实性和“个人性”往往来自课堂讨论。

“船长非殉职不可吗？哈尔威的牺牲是否值得？”

“失业的乔伊哪里来的爱之力？付出或者奉献究竟需要具备怎样的条件和能力？”

“对我们小学生而言，为社会做贡献真的要等到长大以后吗？”

项文静问：“乔伊为老妇人修车分文不取，比尔·盖茨在机场帮助着急要去洗手间的老妇人看管行李却收取了一美元小费，乔伊和盖茨谁做得对？”

“林肯说过：消灭政敌最好的方法是化敌为友。心理学家荣格告诉我们：你所对抗的东西，将因你的对抗而永远存在。‘感激你使我想起我的父亲’，这句恶意善解的开场白是扭转会场气氛的关键。想一想，其中体现了林肯怎样的智慧和襟怀？班级里往往会发生纠纷和冲突，很多时候，宽容比对抗更有力——举例说明我们应当怎样对待纠纷和冲突。”

…………

七、八年级，为了克服青春期叛逆心理带来的师生疏离，芬瑟带领学生读人物传记。“这真是一个好办法！”我对李君华说，“我知道毕业之前该给学生什么建议了。不过，我要提醒他们，多读外国人写的伟人传记。”

> 有人讲，很可惜，他不是从技术院校毕业的。埃里克森回答：“不，我很幸运。如果我参加了学院课程，我就会盲目听信权威，再也不可能发展自己的原创力了。”（第182页）

在我看来，芬瑟提供的约翰·埃里克森的传记材料已经够个性、够生命了，然而他说：

> 上面的片段没能充分表现的是这个人的气质——他的暴躁天性和追求成功的意志。我的学生知道这个埃里克森脾气很坏，无法与人相处，但还是很敬重他的天分。通过个人传记，我希望工业革命中发明的许多机械与革新上能映现出人的面孔。（第183页）

“通过个人传记，我希望工业革命中发明的许多机械与革新上能映现出人的面孔。”

读到这句，看云几乎要哭！我们的语文课本，写景状物类、说明文类都算差强人意，最缺的就是真人、活人。

什么营养就养成什么人。

儿童是懵懂而敏感的，只有真实的人才能对他们发生真实的影响。只喝纯净水绝不能使人长得强壮，风干过滤出来的英雄事迹，只能使得一切“德育”目的归于虚无。

四、不解释，让他们自己体悟

> 和低年级一样，我不对神话做任何“解释”，而是让每个孩子慢慢形成对人物角色的理解。我知道必要时，每位孩子会从中吸取养分。这就是形象鲜明之处……形象的力量在于对未来的潜在理解，而解释会削弱它的力量。（第 69 页）

> 自从第一次在五年级讲过这个神话（得墨忒尔和珀尔塞福涅）后，我一直对它感兴趣。孩子们从故事中体会到季节轮回的主题：他们发现自然界生长和衰败之间的平衡，神话人物之间的平衡，集体和个体之间的平衡。我并没有解释事物之间的平衡，而是让孩子们自己去领悟。作为一名成年人，我要加深对珀尔塞福涅故事的理解，我没有终止对意义的追求。（第 105 页）

相信这段话会给热衷解读或者苦于无力解读的人们带来启发。教师当然不该超然于材料之外，教师所讲述的，必须是自己有感觉、有体悟的。这种包孕在语气和动作里的感觉、体悟，是激发学生感觉、体悟的前提。

五年级的历史课上，芬瑟将孩子们带入古印度、古波斯、古埃及、古希腊的神话传说，从而让孩子在比较中获得清明的理智、开阔的视野、包容的胸襟。这让我感到震撼。

我所受到的启发是：教师应当在儿童显性兴趣、潜在需要之间求平衡。不能误读了孩子的需要，不要被孩子当下的口味所主宰——从而遮蔽了应当属于他们的更为开阔的天空、更为坚实的大地和更为真实更为幸福的成长。

如今的孩子，有谁会把炒豆子作为美食呢？即便有，也是从店里买来的“××炒货”，酥松、可口、多味。需要费力的一切，别人都已代劳，吃的人只需张嘴就可以。他们是幸福的。然而我们知道：硬邦邦、没滋味的蚕豆，经了臼齿的强力碾磨、唾液的耐心调和——最终的滋味何其甘美、丰富。

于今我才悟出：赋予家炒蚕豆深长滋味的，正是“自己牙齿”慢慢碾碎、“自己唾液”慢慢调和、“自己味蕾”慢慢品味的过程中所激发、所消耗、所强旺了的生命力——还有妙不可言的成就感。

所以呵，从牙口开始，今后的儿童，他们的“深层体质”，将不如前辈健旺生猛了。他们果然幸福吗？

教学过去一直是，我希望将来也是，一种人性的艰

苦征程。我们成为我们所教的，我们所教的也是我们所是的。（第 58 页）

最让我震撼的，是这一段话。最深的认同，反而让我无话可说。“我们成为我们所教的，我们所教的也是我们所是的。”然而我知道，这话将成为我的信念。

12月21日 / 星期一 晴

什么是适合学生的经典

一、《少年中国说》

顶上蓝天，足下严霜；红日初升，其道大光！如此万里无霭的冬晨——迎着朝阳，步入校园，教师能不凛然自敬，神清气爽？

> 故今日责任，不在他人，而全在我少年。少年智则国智，少年富则国富，少年强则国强……

轻声念诵，兀自澎湃着，健步上楼。时钟指向7:40，楼上没有别人，有自习的去教室了，没有自习的八点才到。于是，教师面朝东方，一遍又一遍，着了魔似的来回诵着：

> 少年独立则国独立，少年自由则国自由，少年进步则国进步，少年胜于欧洲，则国胜于欧洲，少年雄于地球，则国雄于地球。红日初升，其道大光；河出伏流，一泻汪洋……

8:10，该上课了。

“照例，今天该诵《童趣》。但老师不能确定下周一的天气是否还这么晴朗；也不确认下周一自己的兴致是否还这么火旺。因此这节课，我们先诵《少年中国说》。”

今年春天，余耀老师在无锡藕塘小学上《少年中国说》，20分钟小课，干净、紧凑，沉雄、激昂。

第一部分，教师抓住“智”“富”“强”“独立”“自由”“进步”“胜于欧洲”“雄于地球”几个节点，稍微一带，学生看着板书便能自然成诵；第二部分都是成双成对的分句，教师领读前半句，学生跟读后半句。基本没有讲解，就凭简单有力的手势、底蕴深厚的领读，很自然地，学生就跟进、融入——激荡起来了。

> （师）红日初升，（生）其道大光；（师）河出伏流，（生）一泻汪洋；（师生）潜龙腾渊，鳞爪飞扬；乳虎啸谷，百兽震惶；（生）鹰隼试翼，风尘吸张；奇花初胎，矞矞皇皇……

两遍之后，不待教师引导，学生便能一诵到底，仿佛喷泉之不可遏止，奔马之难以阻挡。

> 干将发硎，有作其芒；天戴其苍，地履其黄；纵有千古，横有八荒；前途似海，来日方长。美哉，我少年

中国，与天不老！壮哉，我中国少年，与国无疆！

一个个昂首挺胸，一个个神采飞扬。当自信满满的童音响彻会堂，人们被震撼了。“说不出为什么，我只想流泪。”坐在看云身边的一位女教师眼圈红了。看云知道，使她落泪的，是学生诵读带来的震撼，也许——还有自己少年未经如此诵读的遗憾。好在我们是语文教师！好在我们还来得及！

我欲如法炮制。先来一遍范读：“故今日责任，不在他人，而全在我少年。少年智则国智，少年富则国富，少年强则国强——”

孰料一句刚完，学生就按捺不住了。从“独立”开始，他们便放开音量“闹独立”了。范读于是成了师生齐读。然后反复诵读：有时全班通读，有时分段轮读。

学生“闹独立”不足为怪，因为云门弟子有底子。而使得解释成为不必的，是文章生机勃勃、一泻千里的浩荡气势。浩气裹挟、灌注了学生，学生激活、畅达了浩气。两者相辅相成。

“什么是经典？”家长、教师往往如此疑问。问题也许应当这样问：“什么是适合学生的经典？”

今天，再次感受到学生当仁不让于师的豪气、红日初升般的盛气——教师即时豁朗，适合学生的经典，就该是这样的：它的形象美而鲜活，它的音韵美而灵动；它能激发人心固有之向新、向美、向上的生命力。其与儿童生命的关系，当如深渊之于潜龙，空谷之于乳虎，长风之于鹰隼，雨露之于花树——它能令学生腾跃、飞扬、挺拔。

二、《虎》

威廉·布莱克在西方有“大师中的大师”之称。他在世时，诗作虽经朋友赞助出版，但终因思想和艺术超越时代而不被接受。只有少数诗人，如 W.B. 叶芝因编辑其诗作，受到他很大的影响；T.S. 艾略特也称从布莱克那里学到不少东西。

布莱克是一个虔敬的圣徒。他的一生，光明磊落，真诚勤勉。在这里，布莱克将毕生追求的完美道德、至高极乐，锻造成英姿勃勃、光艳灼灼的林中之虎，表达了圣徒梦寐以求的理想。在西方，“燃烧在黑夜之林”的虎的出现代表了人们共同的心声，《虎》也因之成为不朽名作。

布莱克是画家、诗人，擅长用形象表达思想。《虎》境界崇高，寓意丰富，充满力量和情感，表现为烈火试炼、铁锤打击、砧子锻造的上帝之爱，以及基督徒为达圣境欣然承受试炼、打击、锻造的忠贞与柔顺、刚毅与性灵——即便不是基督徒，读后也会受到强烈的震撼。

“怎样的神手和神眼，构造出你可畏的美健？”震惊，赞叹，敬畏——同时也不乏温存。《虎》是铿锵的，也是灵动的。“在海与天多深的地方，燃着造你眼睛的火？”也许生命就是这样，最甘美的果实往往需要经历最深最剧烈的苦痛才能成熟——

当天上的群星投下长矛，
用泪水浸湿了天空，
他在看着他的成果微笑？
是造耶稣的他将你创造？

至此，答案仿佛已经找到；至此，风驰电掣的一路追问仿佛可以平息于含泪的微笑。然而，一旦面对，那闪电般的生命之光、炉火般的生命之焰、云霓般的生命之绚，便再次将诗人卷入惊艳的巨澜：

虎，虎，火焰灼灼
燃烧在黑夜之林，
怎样的神手和神眼
构造出你可畏的美健？

铁锤高举，烈火熊熊——砧子的声音再度铿锵——这可不是首尾呼应的俗套，这是有灵的生命面对唯上帝能造的生命奇迹的永难平息的膜拜与惊异。

当然，这些都不必跟学生说，而且不说更好。“这首诗节奏感非常强，它的韵律也真如打铁的砧声，一下下有节奏地打着有力的拍子。大声读一读，你感受到的是一种威慑和力量。”我只要带着孩子放开声音诵读就是。

只要发声，蕴涵于斑斓光焰、铿锵节奏中的惊叹、挚爱与崇拜——全出来啦！巧的是孩子们几乎都属虎，因此，他们读起来格外有感觉。

用什么锤子，什么铁链？
在什么炉中将你的脑冶炼？
用什么砧子？何等铁手
敢抓那令凡人致命的物件？

一边读，一边有节奏地挥动拳头。铿锵的音韵震荡心头，跳动的光焰熠耀灵府——孩子们目光灼灼，仿佛锻造老虎、让虎心搏击的创造之火就熊熊燃烧在他们的面前。

三、《清晨》《小鸟在天空消失的日子》

一年多来，李君华是看云日志的第一朗读者。每篇写成，都要先经了她的朗读，然后发到网上。李君华是率直的，读到不以为然的地方，必定提出宝贵异议。久而久之，看云对李君华的朗读形成心理依赖。因为李君华的建议，六（2）班每个孩子的家里都贴了《中国地图》《世界地图》——看云要求他们养成读书看地图的习惯。

前两部分初成，朗读、定稿之后，李君华发话了："既然题目叫作《什么是适合儿童的经典》，那就要再写一部分，因为诵读不光要培养孩子的盛气、虎气，还要培养他们灵敏、有同情心的一面，这样的童年才是全面、健康的。"

于是想到另外两首。毕东海的《清晨》，好亮，好净，好朝气！饱满新鲜，如同荷叶上的露珠。你可以想象学生在清晨读它的感觉：

太阳　飘着流苏的
金色的圆号
在东方吹响

浓雾折好了被子
湖水推开了门窗
柿子系好灿灿的纽扣
小路拴紧松松的鞋带
河流则忙着刷着自己的牙齿

山山岭岭沟沟谷谷

忙着起床了

同在第十一单元，这是谷川俊太郎的《小鸟在天空消失的日子》——

野兽在森林消失的日子
森林寂静无语，屏住呼吸
野兽在森林消失的日子
人还在继续修路

鱼在大海消失的日子
大海汹涌的波涛是枉然的呻吟
鱼在大海消失的日子
人还在继续修建港口

孩子在大街上消失的日子
大街变得更加热闹
孩子在大街上消失的日子
人还在修造公园

自己在人群中消失的日子
人彼此变得十分相似
自己在人群中消失的日子

人还在继续相信未来

小鸟在天空消失的日子
天空在静静地涌淌泪水
小鸟在天空消失的日子
人还在无知地继续歌唱

野兽消失于森林，鱼儿消失于海洋，孩子消失于大街，个人消失于人群——生命已到尽头，是偷生的开始。小鸟消失于天空，天空在哭泣，而人还在无知地歌唱。造成这一切，将人变成行尸走肉的，不是人脑不够精明，而是人心太过刚硬。

段与段结构相同，句与句一三重复，如此环环相扣，缓慢推进——有举步维艰的沉痛，更有满目怆然的哀伤。沉痛与哀伤一段段堆积、一层层覆压，给人带来惊悚、疼痛和警惕。这样的诗不需讲解，但一定要范读。通过范读，教师将自己感受到的疼痛、惊悚和警惕传达给孩子——这就够了。

沉静是幼儿教师可贵的品德，蒙台梭利说得对。然而需要沉静的何止幼儿教师！不少教师面对经典不谦虚、不老实，说得太碎，教得太多。薄积而厚发，茶壶里面起波涛——结果，诗之性灵被戕害，诗之完整被打碎。很多时候，如果我们能够少说或不说，老实一些，谦虚一些，踏实诚恳地带着孩子诵读——那样对人、对己、对诗都更好。

如今的诗歌教学，随处可见仿写。看云几乎可以确定：只有不懂诗、不爱诗、未曾经历写诗体验的人，才嗜好这种噱头。在他们眼里，一首好诗，不过是一个可以随意代入数码的公式，一个可以随意填充杂物的模子。

你怎能想象，艺术教师让学生把罗丹的《沉思者》换成同一姿势的女人或老人的样子？要么临摹，要么创作，决不容许恶搞。可是类似的恶搞却在语文课堂大行其道。

当然，看云也有让孩子动手的时候，比如今天让他们抄写《虎》；而且，看云也有布置学生仿写的时候，不过，那是为了完成《我们爱你啊，中国》的课后习题。

如果时间余裕，《清晨》可以仿写，因为《清晨》轻松欢快。就当是对对子、编谜语、写颠倒歌、成语接龙，玩文字游戏啦。然而看起来更易仿写的《小鸟在天空消失的日子》，却不宜仿写。因为这是一首严肃、凝重的诗，因为——

在我们应该深心悲悯、忏悔的地方，不可屋下架屋地拙劣模仿。那是思力对性灵的践踏，也是“小鸟在天空消失的日子，人还在无知地继续歌唱”。

要敬重艺术的独创性，要培植儿童对“这一首”“这个人”“这种劳动”的虔敬之心。这样做，是修学，也是养德。温柔敦厚，诗教也。诗教的目的，不是培养诗人，而是培养人格健全、温柔敦厚的君子。诗才绝非教师教出来的，而是拥有天赋的人，潜心读出来、背出来、熏出来的。成就诗篇的，是灵感袭来时不吐不快的情感奔涌，而不是为文造情。依葫芦画瓢不能培养出真正爱诗、写诗的人——因为灵芝已碎，而童心已被教师搅得骄狂浮躁。

不过，那天看云还是提问了：“孩子为什么在大街上消失了？”

“在家里做作业。”“看电视，《喜羊羊和灰太狼》！”“玩游戏，偷菜！”“到处都是人贩子，哪敢上街？”“醉驾、无证驾驶汽车满街跑，不安全。”

12月30日 / 星期三 ☀ 晴

了不起的妈妈们

一、将阅读进行到底

“一个没有意志力的人，将来做什么也不成；一个没有意志力的孩子，必有缺乏意志力、责任感的父母。”薛老师在家长会上说的话掷地有声，让我更加不敢懈怠。

父母是孩子的第一任老师。在日常生活中，孩子的言行举止、行为习惯无不折射父母的影子。父母言传身教的作用不可忽视，以后若女儿出现问题，必先反省自己的行为，努力为她做出榜样。从“请跟我来”到“请信我言”，转眼已近六年。六（2）班的孩子们诵读了六年，幸福了六年。六年里，孩子在不断进步，家长也在不断进步。薛老师的热情、坚定和负责深深感动了我。

相对于分数，薛老师更加关注学生的综合素质和发展潜力。记得女儿刚上四年级时，我要求她所学科目必须自理。因她酷爱读书，自我约束能力较弱，成绩波动大。有一段时间，语文考试时老是出现混淆同音字、写错别字的情况，失分很多，离我规定的小学语文95分达标线有距离，我很焦急。

有一次在球场，碰上了正在散步的薛老师，当时我问是否要给孩子增加练习量，她说："别老盯着分数，要相信你的女儿，她很棒！我很喜欢她！晏楚芸反应快，课堂上回答问题积极。错别字问题会解决的。其实她每天看书就是在温习学过的字，随着知识的积累，加上细心，到初中就不是多大问题了。"看我没说话，薛老师又说："拿一打100分的学生来换晏楚芸，我都不换！"当时我感觉很羞愧，自己眼里的女儿怎么感觉没老师眼里的好呢？仔细想了以后，觉得老师说得有道理，于是没给女儿增加练习。女儿每天仍旧快乐地阅读，没成为做题的机器。

"阅读能力是学习能力，更是自我教育的能力。""读好书，走正道。""不管怎样，也要带着孩子多读书，读好书；不管怎样，也要把美好的事物带进教室。"我为孩子感到庆幸，我相信老师所言。不管怎样，我也要我的孩子多读书，读好书；不管怎样，我和女儿也要将家庭阅读进行到底！（晏楚芸的母亲　赵红）

二、《龙胆草》里的姑妈 2 号

《龙胆草》里的姑妈喜欢对着她的龙胆草喃喃自语。我的妈妈也一样。

姑妈（对龙胆草深情地）说：“啊，我亲爱的，现在我去弄水给你喝！太好了，我亲爱的，你长高了！”我妈妈则对西红柿说：“哦，天哪，小乖乖你长那么大了。你长得真快。我给你多浇点水哦。”妈妈又对猫咪深情地说：“哦，宝贝啊，你又把鱼吃了。我再做一条给你吃。真乖真乖……（N 次‘真乖’后……）哎，一定要吃完哦。咪咪宝贝。我给了你鱼，说谢谢，谢谢，谢谢……”

我在一边恶心得要吐了。天哪！她把猫咪当成了什么呀！猫咪和西红柿听得懂她说什么吗？太恐怖了。“哦，咪咪，我的宝贝，你又长胖了呢！啊，我越来越喜欢你了。”讲到咪咪时，妈妈永远都要说宝贝。而且只要半天不提猫咪，她就受不了，比叫她跳楼还痛苦。她玩猫咪非得玩到 10 点才罢休。爱猫爱得走火入魔了。

蔬菜水果、鸡鸭鱼肉也是妈妈的玩具，她总是变着花样做给我们吃。我吃大份的，猫咪吃小份的。而且，只要咪咪想吃什么，她就想着办法烧。她可能把咪咪当成了第二个孩子。一开始，我以为有了猫，妈妈就不用管我了，没想到她一边管猫，一边管我。她说："吃钙片、做眼睛操、学新概念，快去……"她每天一定和猫聊上半个多小时，而且停不下来。

猫咪像一个小婴儿那样受到妈妈的青睐，这使她母性大发。而且猫的性格就是爱撒娇，它正合妈妈的口味。猫咪是妈妈的精神支柱。妈妈不愧为《龙胆草》里的姑妈2号，言行举止和那个姑妈一样。天哪，她们都很肉麻。（晏楚芸）

三、但愿如此吧

儿子最近阅读范围越来越广，记得他在看《红岩》《长征，前所未闻的故事》时，都会很开心地告诉我，这本书这里好看，那里好看，一定不能错过。而我却不太感兴趣，觉得枯燥无味，但又不好说不看，只好勉强跟着看。

直到他从老师那借到《牛虻》，我才自发地去看，花了整整一个星期时间。因为儿子说了"不能错过"，因为书是跟老师借的，终究要还。要是自家的书可就没那么大的耐力去啃了，总想着随时都可以看，不必争分夺秒。

儿子生日时送他上下两本《飘》，距今快一个月了，他时常会翻看，并且向我报告看到哪里了。而我还没有打算看。他的心思我很明白，希望我能主动看，到时候和我就有共同话题了。

其实，亲子共读不仅是妈妈的事情，爸爸也应该参与进来，孩子也需要爸爸的引领，需要进入女性视野之外的更广阔的阅读世界。而且，爸爸也应该给孩子做出读书的表率。我和儿子商量：看谁能把不爱看书的爸爸感化成爱书之人。儿子摇头说："这件事难度很大，有挑战性，我没把握。再说，五六年都没有让他爱上阅读，短时间之内不大可能。""那是因为以前他总认为只要有我在做就行了。关键是现在发现他的参与很重要，问题就得另当别论了。"儿子还是没信心："但愿如此吧！"

（鲍秉轩的母亲　项兴萍）

四、无处不在的妈妈

我和各位一样，有个唠叨的妈。为什么这么说呢？因为我妈真的太唠叨啦！唉！不信？那么我给你讲个故事：

今天到家，敲门，敲门，再敲门！咦？"思维敏捷”的我在掏出钥匙打开门之前便得出一个结论：老妈不在！刚开门，一张纸条“从天而降”。咦？是广告传单吧……清除……我刚准备将它拾起销毁的时候，忽然发觉：这个不是广告哎！想完这个，纸条已经抓在手上，我一看，晕！

“妈妈有事不回来了！自己吃晚饭，吃完写作业！——妈。”

“好哦！感谢苍天！感谢宙斯！”我“神经质”地感谢一番！因为我每天被妈“狂轰滥炸”，早想罢工的耳朵终于可以歇会儿了！唉！放学回家早就渴了，随身的水瓶已经“滴水不漏”了。我忙甩飞那两只可怜的鞋子，把十多斤重的书包加围巾准确无误地扔到了三米外的沙发上，成功打飞一个抱枕！

“Yes！”我来不及换上拖鞋，光着脚丫在冰冷的瓷砖上跑，冲进阳台之后，忽然发现可爱的饮料旁边贴着什么——是一张纸：“介于天气情况，吃饭时只可喝一瓶汽水，除了它，应该还有19瓶对吧？多喝一滴都不行！——妈。”

我恶狠狠地拿出一瓶饮料！三口两口喝了一大半，然后又百米冲刺般地抓起电视遥控器，坐在床边，忽然，不对劲啊！从“PP”下面抽出一张纸条：“坐远点！那样近会伤视力的……”

星期五，可以玩电脑了，我打开电脑，电脑又自动弹出留言栏：可以玩到8:30。可是不一会儿就到了8:30，留言栏准时弹出：关！关！关！关！关！30秒之内关！

我的天啊！我又去看书，我最爱躺在小床上看书了！走近书架，我拿出一本新书，倒在床上看了起来。咦？这是什么？我从身下抽出一张纸：“注意！到书桌上看去。——妈。”

晕！等我醒过来，脑力恢复了，我想说：“妈的纸条加起来可以写成长篇小说连载！”唉！这就是我爱唠叨的妈！她无处不在！（马静婷）

五、妈妈订的书

“丁——零”中午吃饭的时候，门铃突然响了起来，会是谁呢？我还没有反应过来，妈妈替我想到了：“一定是送书的。”

打开门一看，妈妈真没说错，在网上买的书终于到货了，只见那个送书的叔叔抱着一箱书，全是妈妈订的（其中有几本是妈妈替别人订的）。打开箱子，最上面的就是两本《飘》（上、下），太棒了。我捧着书到沙发上去品味。

《飘》的序我很喜欢——《明天又是另外一天了》。“明天又是另外一天了”是主人公郝思嘉的座右铭。她十分不幸，但她相信，所有痛苦和挫折都将成为过去，明天将会是另一个开始。我觉得一定是这句话支撑着郝思嘉的。《飘》原来不叫“飘”，而叫“明天又是另外一天了”。上下两本都是那么厚，我一定要抓紧看！妈妈替我订了三本书，《飘》是其中的一本，还有两本分别是《时间简史》和《呼啸山庄》（名家导读版）。

《时间简史》我才看到第10页——《我们的宇宙图像》。我买的是插图版，中间有一些插图很恐怖。这本书不是很简单，但我很想把它读懂。丁若琳还催我快点读，读完就可以和她交流了。每天读一点，加油吧。

《呼啸山庄》说的是一个人复仇的故事，爱—恨—复仇—人性的复苏，老师觉得这本书让人震撼。《呼啸山庄》刚一问世并没有受到太大的欢迎，但随着时间的推移，它成为一本世界经典文学名著。

妈妈订的书总算到货了，太棒了！（胡婧怡）

1月 January 老师，就是开书单的那个人

2010年1月4日 / 星期一 多云转晴

我们家的亲子诵读

之　一

“妈妈，你今晚真的和我一起读《日有所诵》吗？”

“耶！”随着我的点头，女儿一声欢呼。

女儿以极快的速度完成了功课，取出《日有所诵》，打开，平置于书桌上。两张方凳并排于书桌前，女儿拉我就座，一边坐，女儿一边笑：“妈妈，我们这样很有同桌的感觉呢！”

“这个星期我们要背诵宋词、元曲和古文各一篇，短文有点难……”

“那我们先难后易，从短文《童趣》开始。”我建议。

“余忆童稚时，能张目对日，明察秋毫……”先共读，再分读，女儿一遍我一遍，边读边讨论：“真的挺有意思，看似挺琐碎的小事，竟也能写得如此妙趣横生……”几遍下来，女儿合上书。“看看谁先会背？”让女儿先背，竟八九不离十。羡慕女儿好记性的同时，我不得不服输。“妈妈是比不过你了，你们正处在记忆的黄金年龄，而现在打下的功底，将使你们一生受益！总有一天，你们会真正地懂得并感谢老师今天为你们所做的一切。”

“身在福中不知福啊，对不对？”女儿用我常对她说的一句话回答我。

接下来的两首词拿下可就轻松多了。李清照的《如梦令》是我和女儿曾经背过的一首老词，而《［越调］寨儿令·夏日即事》女儿则用老师教唱的形式读出来，韵律十足，别有一种味道，朗朗上口。

二十分钟时间，三篇背诵已基本完成，用女儿的话说：今晚的诵读效果极佳！

日有所诵，必有所获，一直坚信这一点，并告诫自己：努力，一路坚持！（胡婧怡的母亲　王芳）

之　二

文言文比较难背，有些拗口，诵读的时候他常在不该停顿的地方停顿，我就让他学着吟诵光盘里的人，用缓慢的调子慢慢地读，甚至摇头晃脑。我还给他做示范，几次下来，就顺畅了。

朗读《全阅读》的时候，他读着读着就没有声音了，瞅着书默读起来（这是受我的影响），读到高兴处，就傻笑起来。这可不行！朗读朗读，怎能默读？言传不如身教，赶紧示范！于是我先读两遍，大声地、有感情地读，然后让他自己读。效果很好。有时候我们还讨论文章后面的小问题，有时候我还把小侄女拉来当听众，每当这个时候，他是最得意的，因为他也有“粉丝”了！（李旭冉的母亲徐会）

之　三

元旦这两天，如果你来我们家，在门口站上那么几分钟，耳朵好的话，可以听见一个经典男声在朗读古诗，还有一个经典女高音在说话，偶尔会是经典女高音在训斥经典男声。经典男声当然是我，经典女高音是我妈。

为什么我要读诗呢？因为后天有一个活动：赛诗会。我当然要好好准备一下，拿一个名次回来，跟爸爸妈妈炫耀一下！

上一次赛诗会我没有拿到好的名次，这一次一定要争取。这次赛诗会一共要背48首古诗文，而元旦放了三天假，正好可以整除，平均一下，每天背16首古诗文。对我来说，不是问题。第一天主要就是写作业；因为背的古诗文很短，所以背了18首。

今天呢，没有什么作业了，但碰上了挺难的《岳阳楼记（节选）》！能把《岳阳楼记（节选）》背得滚瓜烂熟，可不是很简单的事哦！所以我就死命地读，直到我认为可以到妈妈那里去背为止。但还是背了两遍才完完整整背下来。

《岳阳楼记（节选）》好歹还算比较熟悉的，《童趣》可真是一个不简单的“角色”哦！妈妈说，明天早上还要把《岳阳楼记（节选）》给再背一遍，看我是否把它给忘了。我想：没关系的啦！反正是明天查，明天的事明天再去烦恼吧！我会不会得好的名次呢？这是个未知数。（鲍秉轩）

又及：

12 月 31 日通知家长："1 月 4 日举办赛诗会。48 篇古诗文确实会背的，请替孩子报名。报名单已发。拜托不要为孩子报假名。"

元旦放假 3 日。今天接到报名单 33 份。本班惯例：未报名者寒假抄写 48 篇古诗文。

比赛分三轮。初赛抽背宋词，复赛抽背元曲，决赛抽背古文。通过者分别获三、二、一等奖。一等奖 10 人：宋世君、李智炫、胡婧怡、孙琪先、宋振亚、方子妍、鲍秉轩、黄云飞、晏楚芸、丁若琳。

比赛现场紧张激烈，要想过关，除了能够熟背还需心理素质好。比赛中间，教师吟诵《短歌行》《送孟浩然之广陵》——以为助兴。

三、二、一等奖奖品分别为：吟诵光碟（与前一张不同）、吟诵光碟 + 小吃、吟诵光碟 + 小吃 + 图画书。还有一只潍坊风筝，为一等奖获得者中勇于登台吟诵《静夜思》的鲍秉轩所得。

1月11日 / 星期一 阴

不知所云

圣诞节，夜登岳麓山。

话至《驴家族》，汤素兰说："看云，让我告诉你一个作家写作的秘密。那就是：每个故事其实都包含了作者的一段经历，一个心事。所以我特别在意每篇作品的写作时间，它会让我想起当时的处境、心境。"

"我懂。"看云说，"我那完全没有虚构成分的工作日志也是呢。不过，可能更曲折、更隐秘，是所谓复调日志。内中所藏，唯自知而已。所以，我也格外在意文字的日期。"

上一周，同时读完黄仁宇的《中国大历史》和蒋勋的《给青年艺术家的信》。《中国大历史》是看云读完之后，李君华朗读看云所画重点，此前《阅读史》《当下的力量》也是如此。《给青年艺术家的信》则是全本朗读。接着，我俩都买了蒋勋的《写给大家的中国美术史》和《写给大家的西洋美术史》——说好了"李朗读，云看图"。因为过意不去，看云一再念叨："任务其实不重。你看，好多图，字又大又不多！”

啰唆了！因为《大历史》的原因，突然不耐烦起自己的细碎琐屑，想把日志写得简洁概括。试试吧。

月底才考试，课时很富余。复习的同时，《日有所诵》往下卷走，每周两单元，《全阅读》也一样。已举办和将举办的班级语文活动有：课本剧《负荆请罪》表演、新闻采访表演、讲述《狼图腾》、“倒顺词”相声比赛、讲述“看地图”、制作并展示剪报、读书摘录朗读、讲述“我爱读的报纸”。

今天，教师亲自朗读“月亮仙子，我来了！”选这个片段，意在诱使学生买、读《永远讲不完的故事》。“如果你问老师的荒岛之书是哪本，今天，我会毫不犹豫地告诉你，就是《永远讲不完的故事》。已经读过两遍，我还会读第三遍。相信你们中间一定有人如我一样，再三再四读这本伟大的书。希望将来重读的时候，你们能够忆起今天的讲述和朗读。”

为了达到目的，须连续作战。下周，教师将朗读《戈亚埠，色彩的海洋》片段。

《后天》《2012》令人心惊。南半球暴雨成灾，北半球暴雪肆虐。11 月以来，合肥的天气冷得出奇，不少孩子的手害冻疮了……当此际，观众很难将灾难片全然当作幻想；当此际，谁心中不曾起过“末日情结”？

“读并教读，爱并被爱。涅槃是有的！那就是：因为这样地活过，立刻死去不以为憾；永远这样地活着，不觉漫长厌倦。”2006 年春，在题为“无限信仰书籍的力量”的讲座中，看云如是说。

没有人希望末日到来，但对有灵又易迷失的人们来说，末日情结也有好处，那就是：常常记得“人生难得”；常常提醒自己：让终归一死的生命过得芬芳、润泽、有意义。

> 秋水时至，百川灌河，泾流之大，两涘渚崖之间，不辩牛马。于是焉，河伯欣然自喜，以天下之美为尽在己。

一句一句教读这样的文句，一遍一遍听孩子朗读、背诵这样的文句——感觉很有意义。

> 再要不了几天，过那么一个星期，大自然便会用奇花异草、青葱的苔藓、细嫩的绿茵，把森林中这满目败落的景象掩盖起来了。看着大自然一年两度细心打扮自己形容憔悴、恹恹待死的骨骼，着实令人感动：它第一次在春天，用百花来掩盖，免得我们再看见；第二次在秋天，用雪来掩盖。
>
> …………
>
> 林道上的冰融化了，畜粪露了出来，数不尽的种子

仿佛嗅到粪香，从云杉球果和松球果里飞到了它的身上。

这是普里什文的《春装》，何其清新、健康和干净！下卷颇多普里什文小散文。对看云来说，它们也是新鲜的。

图书，爱的图书！你我各有不同，但我可以肯定地告诉你，我的爱的图书就是——《全阅读》。

“我几乎毫不犹豫地认为：每打你一次，我感到的痛楚都要比你更为久远而悠长。因为，重要的不是身累，而是心累……”这时候，妈妈叫住了我，对我说：“这个作家是谁？写的这篇文章叫什么名字？为什么她写得这么感人，也写出了我的心声？”

“妈妈，这位作家叫毕淑敏，这篇文章的题目叫作《孩子，我为什么打你》。”我哽咽地说。妈妈见闻不多，就说：“珊珊（我的乳名）你如果可以，你要背下来。因为你要记住，我打你是为了更好地爱你！好吗？”我点了点头，说：“好！有时间，我一定背下来！”

以上是方珊珊习作片段，这次的作文话题是“推荐一本书”。方珊珊是六年级新转来的，全班唯有方珊珊，教师对其父母完全不认识、不了解。可是，因为“爱的图书”“爱的作业”，教师的心、父母的心连在一起了。

我多么希望，这几行诗
忘记它们自己是一些字，
而成为湿润的林荫道上的
树木、天空、清风和房子。

但愿翻看书页，
就像打开一扇窗，
能听到鸟鸣，看到阳光，
闻到生活气息的芬芳。

这是索科洛夫的《我多么希望》。因为太喜欢，限时三分钟，我让学生当堂背下。急读急诵、抢记抢背，这是我们喜欢的语文游戏——对于磨砺学生凝神一处、整体刻录的心智之剑很有好处。

又啰嗦了，而且不知所云。

附1：

倒顺词相声准备

郭　乐

前天，薛老师给我们布置了一个任务：按照书上练习六的提示，排演一台“倒顺词相声”。台词可以自编，只要有倒顺词就行。老师刚提出，我、方子妍、方子裕便对望起来，脸上带着自信的微笑。因为只要班里有上台表演的节目，我们三个是绝对不会缺席的。

今天中午，我吃完饭就去了她们家，一会儿台词便想好了。方子裕提议："我说'大'，方子妍说'家'，郭乐说'好'。"三票通过。"说台词的时候，配合自己的台词做出相对应的动作。""动作最好要夸张一点。"

我们开过小小研讨会，表演开始了。

"大""家""好"，"有些词倒过来就成了另一个词，你们知道吗？"

"这有什么稀奇？"

"你要表现得更不服气一点！"

"好！重来！"

"有些词倒过来就成了另一个词，你们知道吗？"

"这有什么稀奇？哼！"

"你能正着念，我们就能把它倒过来。"

"上海是一座大城市。"

"海上的风浪真大。"

"哈哈，我发财了，黄金金黄金黄的！"

"哦耶，天下雪啦，白雪雪白雪白的！"

相声就这样断断续续表演完了，我们又把动作整理了一番，尽量做到完美。说要完整地再演一遍，可总是忘词，毕竟只有中午这么点时间。

“蛋鸡产鸡蛋”“猪肉产肉猪……呃！不对……是肉猪产猪肉！”“法国的国法高度严明！”“雅典的建筑非常典雅！”半个小时过去了，我们怀着忐忑不安的心情背上书包去学校。

课间10分钟，我们三个聚到一起排练。盼着盼着，第三节课的脚步近了，相声比赛的时间也到了。参加比赛的许多同学大多是两人组合，只有我们是三人组合。上台之后，进展十分顺利，“同学们，生活中还有许多倒顺词，让我们多多去寻找吧。”“不是找寻！”“寻找！”“找寻！”

最后，在我和方子裕的争吵中结束了相声，同时获得了热烈的掌声。嘿嘿！我们的辛苦终究没有白费。

附2：

有趣的地图

李旭冉

在我们班，多数同学家里都有《中国地图》和《世界地图》，我家也不例外。

我看中国地图时，突然感觉我们中国是那么的庞大，我感到无比自豪，可我又向世界地图上一看，虽然我们中国不算小，可是强中自有强中手，俄罗斯的国土面积可比我们大多了，可能比我们中国的两倍还多一些，可听妈妈说俄罗斯有许多地方不能住人。

为了训练我，让我以后上初中时学习地理不要太费事，妈妈每天晚上让我在194个国家中找两三个国家的首都或其他城市。今天晚上报的是哥本哈根，我找了好长时间都没找到。后来我想起了哥本哈根是丹麦的首都，我先找丹麦——哦！我找到了，在德国的上方。我以“迅雷不及掩耳之势”找到了妈妈，又以飞快的速度在地图上指给她看。她看了连声叫好！

下一个找的是美国，美国好找，就在北美洲的中间（我认为），我一下就找到了。不过，我发现在加拿大的旁边也有一个美国，我十分兴奋，连忙大喊：“美国分裂啦！美国分裂啦！”后来我听爸爸说那两块地都是美国的，不算是分裂，好像是我希望美国分裂一样！我和爸爸都笑了！

地图帮助我了解世界，又增长了我的知识。这可真是一举两得啊！（“你该买地球仪了。”教师点评道）

1月18日 / 星期一 晴

《村小识字课》

“打开《日有所诵》，翻到下卷第五单元，看《村小识字课》。”

“呵呵！”下面起了一片笑，“来自柏堰村小的魏鹏，请！”

村小识字课

高 凯

蛋 蛋 鸡蛋的蛋
调皮蛋的蛋 乖蛋蛋的蛋
红脸蛋的蛋
张狗蛋的蛋
马铁蛋的蛋

花 花 花骨朵的花
桃花的花 杏花的花
花蝴蝶的花 花衫衫的花

王梅花的花

曹爱花的花

黑　黑　黑白的黑

黑板的黑　黑毛笔的黑

黑乎乎的黑

黑窑洞的黑

黑眼睛的黑

外　外　外面的外

窗外的外　山外的外

外国的外

谁还在门外喊报到的外

外　外——

外就是那个外

飞　飞　飞上天的飞

飞机的飞　宇宙飞船的飞

想飞的飞　抬膀膀飞的飞

笨鸟先飞的飞

飞呀飞的飞……

魏鹏读完大家读。书声琅琅，笑声朗朗，今天的诵课好开心。当教师布置背诵的时候，下面竟起了一阵欢呼。

多么好的一首诗！全诗共五节，一组童音合成的蒙太奇镜头，有声有色地传达出村小课堂那令人感动的质朴、蓬勃与芬芳。

“蛋、花、黑、外、飞”，五个字平淡之极，仿佛信手拈来；而所组词语也正是山村娃娃信口嚷出的那些，很稚气，很认真。然而，正是由这平淡、稚气和认真，显出大象无形真技巧，酿成醇美浓郁真诗意。

颇似唐绝句，这里的起承转合显而易见。起者蛋：脆弱的蛋，圆满的蛋，孕育生命和希望的蛋；铁蛋一样结实，狗蛋一样低贱；有的调皮有的乖——蛋是农家小子；蛋，又何尝不可以就是村小？

承者花：头扎花蝴蝶，身穿花衫衫的王梅花、曹爱花们，她们是丛丛开放的姐妹花。村小、田野、春天，皆因她们而美丽。

三节转：诗歌色调突然由蛋的光鲜、花的明艳折为贫瘠的黑、凝重的黑。黑板的黑，黑毛笔的黑，黑窑洞的黑，黑眼睛的黑——黑是简陋的学习环境，黑也是眺望着广阔与灿烂的眸子。

四、五两节合：目光与神思于是从村小教室投向窗外和未来。若干年后，这些孩子有的重复着父母的生活，有的走到山外闯世界，有的甚至飞出国门飞上天；也有的飞去又飞来，回到村小当老师……结果怎样，要看他们的禀赋、志向和机遇，要看他们得遇什么样的教师什么样的读物了！

笨鸟先飞的飞
飞呀飞的飞……

飞是有生命的蛋的梦想，飞是小小学童的心愿。而好书，将为这些孩子插上翱翔的翅膀。总有一天，他们要从村小出发，破壳而出，迎风振翼。

“奇怪，《村小识字课》为什么不进教材呢？”李君华叹息道，“最好在一、二年级，好好玩哦，学生一定喜欢！《日有所诵》干吗要把它排在六年级下册呢？”

“毕业在即，分别在即，学生需要回首六年走过的路程。从而感念师恩，从而跃跃欲飞！”看云信口答道——立刻佩服起自己的聪明！

1月25日 / 星期一 晴

老师，就是开书单的那个人

一

只读童书是不够的。只读班级图书是不够的。孩子要有自己的藏书。藏书其实就是个人精神财富的体现——以上观点，看云常在班级宣讲。以下一组日记片段颇让教师自豪，因为四个孩子写到的，都是他们的个人藏书。

我家有四个大箱子，里面全是我保存的书。虽然书多，但是我有一本最喜欢的书，那就是《屠格涅夫散文诗》。

屠格涅夫是老师最喜欢的诗人，老师说他的诗最干净。听了老师的介绍，我回去翻了翻书堆，里面果然有一本我珍藏的《屠格涅夫散文诗》。

书就是我的朋友，每当我不能下楼玩时，我就会拿出这本书看一看，百读不厌。每次我都要看一看作者屠格涅夫的介绍，然后再从目录中找出一些我认为有趣的诗来欣赏一下。

让我感触最深的两首诗是《乞丐》和《大自然》。《乞丐》这首诗，我半天也没有看出是什么意思，只是感到了温暖。《大自然》写的是人类的贪婪，人与大自然中的蚂蚁一样渺小。

有时，我觉得屠格涅夫的诗特别难以理解，只能看到表面的意思而看不到深处的意义。可是，仔细品味，觉得读他的散文诗，犹如和他谈话。我仿佛看见屠格涅夫就在我的眼前，我正在与他说话。他的诗是那么的简洁、朴素、细腻、清新而又富有抒情味。（黄云飞）

我最喜欢读《世界未解之谜》，一幅幅精美绝伦的图片，诉说着一段段曲折离奇的故事。其中我最喜欢的是“食草人”的故事。

重庆市大巴山区巫山县，有个叫龚清孝的农民。他原来最爱吃肥肉、米饭。1976 年的一天，他在从附近煤矿挑煤回家的途中，忽然感到口干舌燥。偶然间，他看见了路边绿油油的丝茅草，顿时产生了一种渴望，于是他采了一把丝茅草放在口中嚼，觉得清香可口，美味无比。此后，他的饭量逐渐减少，食草量却不断增加。一日三餐必吃草。春秋季，他吃丝茅草、麦穗等；到了冬季，就吃干稻草、松果、柏树籽等。最后他只要一闻到肉和动物的油味就会呕吐不止。

这本书让我知道了很多科普知识。有一次，妈妈手上给蚊虫叮了一个大包，瘙痒难忍。我根据书上介绍的办法，用肥皂水给妈妈擦手，结果妈妈的手很快就不痒了，也消肿了。（高岩松）

在我所有的书朋友中，我最喜欢的要属《毛毛》了。这本书讲述的是时间窃贼和一个叫毛毛的小女孩的不可思议的故事。在这本书中，灰先生帮弗西先生算到底还剩下多少时间的那一章节我尤其喜欢，我喜欢朗读那一章，因为我认为读起来会更加的精彩。甚至有一段时间，我一直怀疑《毛毛》是不是应该是一本神奇的数学书。因为灰先生的算术与口才真的很好，好到我也想为他们节省时间。（张悦媛）

苏菲和席德是两个世界的人。前大半本书讲的是一本名叫《苏菲的世界》的书。后来出现了真正的主人公席德。她正在读前面所描绘的《苏菲的世界》。那是她的爸爸送给她的 15 岁生日礼物。她的爸爸很狡猾，在书中用让苏菲转送信的方式，祝席德生日快乐。然后，在书中串演神秘的艾勃特（席德的父亲就叫艾勃特），给席德（苏菲）写了一封又一封哲学信，教她一些哲理问题。比如：人是从哪里来的？为什么人会有生命，为什么……这些问题我不曾认真思考过。世界上大多数的人认为这种问题很无聊，没有必要去思考。只有少数人认为，这是一个哲学问题，并且在思考，在求索。

《苏菲的世界》和别的书不一样。这是一本书中书。我在看这本书，结果书中的主人公也在看书，我感觉很稀奇。现在这种书很少了。现在，我知道了如何制造大炮，认识了柏拉图。我还知道，想要成为一个优秀的哲学家只有一个条件：要有好奇心。

《苏菲的世界》是智慧的世界，梦的世界。它将会唤醒每个人内心深处对生命的赞叹和对人生终极意义的关怀与好奇。（晏楚芸）

二

“LSLYD”和“随风 2010”是看云的论坛新友。教数学的“LSLYD”立志做儿童阅读推广人，教语文的“随风 2010”则向“LSLYD”推荐有趣的数学读物：

> 我在我们班推荐《奇妙的数王国》这本书后，学生都很爱读，有些孩子爱不释手，翻来覆去读了好几遍。之后学生马上购买了同一系列的《爱克斯探长》《荒岛历险》，同样读得不亦乐乎。这个《中国科普名家名作》水准很高，是国内难得的科普精品，作品大多侧重数学方面，像《数学营养菜》《登上智力快车》《数学家的眼光》等，都很适合孩子阅读。
>
> 另外还有一本《数学的奇妙》，也非常值得给学生推荐。我上中学的时候本来是“数学白痴”，大学成为中文系学生时一直庆幸自己可以永远摆脱数学考试了，结果，正是在大学时读到了这本《数学的奇妙》，那时才知道，原来数学的世界竟然如此奇妙！！！一直很喜欢这本书，每年都要重读一次。很喜欢读这本书的感觉——完全没有功利心的阅读。

于是买来《荒岛历险》《奇妙的数王国》和《数学的奇妙》。显然，《荒岛历险》《奇妙的数王国》学生完全可以阅读，而《数学的奇妙》——同事以为太深，不必推荐。我则认为：对于有缘的孩子，这种书更有价值。

一本好书兴冲冲买来了，暂时看不懂，就放在那里，如青花瓷——它在那里，就是一种召唤，一种可能。黄云飞

“找到”《屠格涅夫散文诗》就是这样。

而谁有缘谁没有缘，是谁都说不准的！“数学白痴”读中文系之前根本没想到自己会迷上《数学的奇妙》，而看云也想不到会向学生推荐《苏菲的世界》。细想想，已经读了《希腊神话传说》和《写给孩子的哲学启蒙书》的晏楚芸，接着读《苏菲的世界》是太自然的事情。

可惜这本《数学的奇妙》版本不好。用波提切利之《维纳斯的诞生》说明黄金分割自是很妙——如果是彩印，便更诱人，更营养了。

早晨朗读《野性的呼唤》片段，也是一个推荐的意思。

老师是谁？老师，就是开书单的那个人。

三

语言是人类文化中最牢固的保守力量之一，没有这种保守主义，它就不可能完成它的主要任务——信息交流。语言的符号和形式想要抵挡时间的消解性和破坏性的影响，就必须具有一种稳定性和经久性。然而语音的变化和语义的变化并不仅是语言发展中的偶然特征，而是这种发展的内在必要条件。这种连续变化的主要原因之一就在于，语言必须传递给另一代。如果只是简单地

> 重复固定不变的形式，这种传递就是不可能的。
>
> 一种语言的历史进展在很大程度上依赖于语词和语言形式在从父母传给儿童时所发生的那些缓慢而持续的变化。根据保尔的看法，这种过程可以被看成是导致语音变化和语义变更现象发生的主要原因之一。（恩斯特·卡西尔《人论》）

我想：那些成功地抵挡了时间的消解性和破坏性，永远如刚刚赋成一样新鲜地润泽、愉悦着我们的耳鼓和心灵的古典诗词、文言经典究竟是什么？不光是凝练优美！千秋百代，这是岁月洪流淘洗出来的语言形式的纯金；心耳唇舌，这是万人万万人用感觉拣选出来的性灵的内核。它们是花朵，也是种子；它们是记录，更是启示录。

正读德国卡西尔的《人论》，有醍醐灌顶的感觉。向我推荐此书的是陈琴，因此她是我的老师。所有将好书名字告诉看云的，都是看云的老师。

复习的日子里，听得比较多的是莫扎特的《第一号法国号协奏曲》。每当温暖润泽的主旋律响起，教室里的空气就有说不出的润泽和温暖。

希望孩子们假期看伊朗电影《小鞋子》。

附录

Appendix

索 / 引

教师阅读

语文教学

经典诵读

班／级／书／单

中国作品

系列图书

连环画系列《三国演义》（全 60 册）：

《桃园结义》
《董卓进京》
《捉放曹》
……

“故宫里的博物学”系列（全 3 册）：
小海、夏雪／著，〔清〕余省 等／绘

《给孩子的清宫兽谱》
《给孩子的清宫鸟谱》
《给孩子的清宫海错图》

单本图书

《孔子的故事》 李长之／著
《高山下的花环》（图文本） 李存葆／著
《科学家故事 100 个》 叶永烈／著
《小灵通漫游未来》 叶永烈／著
《驯鹿六季》 格日勒其木格·黑鹤／著
《门板上的夏天》 吴新星／著
《树洞里的小药童》 狐狸家／编绘
《小药童植物图鉴》 狐狸家／编绘

国外作品

单本图书

《再见了，艾玛奶奶》

[日]大塚敦子/摄影·文字，[日]猿渡静子/译

《西雅图酋长的宣言》

[美]西雅图酋长/文，[美]苏珊·杰弗斯/图，柯倩华/译

《彼得·潘》

[英]詹姆斯·巴里/著，杨静远/译

《绿山墙的安妮》

[加]露西·蒙哥马利/著，马爱农/译

《鸟雀街上的孤岛》

[以色列]尤里·奥莱夫/著，李文俊/译

《尼尔斯骑鹅旅行记》

[瑞典]塞尔玛·拉格洛夫/著，石琴娥/译

《纳尼亚传奇·狮子、女巫与魔衣橱》

[英]C.S.刘易斯/著，贾文浩、贾文渊/译

《希利尔讲世界史》

[美]维吉尔·莫里斯·希利尔/著，[美]爱德华·格林·休伊/修订，席玉苹/译